相続した
ボロ物件どうする？
賃貸アパート経営の道しるべ

第2版

大家さん専門税理士
渡邊 浩滋 著

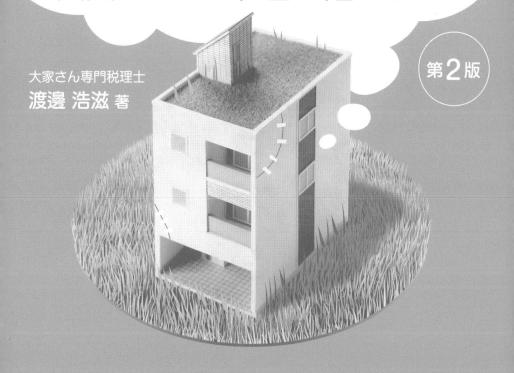

税務経理協会

はじめに

　私は、もともと、賃貸経営をやりたかったわけでも、税理士になりたかったわけでもありません。大学時代に法学部に入り、法律に興味を持ち、司法書士を目指していました。司法書士になって「街の法律家」として、困っている人たちを助けたいと思っていたのです。

　運良く、大学時代に司法書士試験に合格し、社会勉強の意味で、一般企業に入社しました。しかし、法務部で法律の実務をやりながら、税金の壁にぶち当たることとなり、「法律のことがわかっても、税金がわからないと何もできない！」と強く感じました。

　法律と税金のことがわかれば、困っている人たちをもっと助けられるのではないかと一念発起し、会社を辞めて、税理士を目指すことにしました。それが、人生を左右するキッカケになったのです。

　実家で税理士の勉強をしていたときのことです。

　「固定資産税が払えない」と突然、私の母親が騒ぎ出しました。どういうことだろうと、聞いてみると、「固定資産税を滞納しているために差押えの通知が来た。固定資産税を払うためにはアパートを売却しなければならない」ということでした。

　私の実家は、いわゆる地主でして、昭和の終わり頃に祖父の相続対策でアパートを建築し、アパート収入で生計を立てています。現在は5棟86室あります。

　しかし、私は、次男ということもあり、アパート経営に全く興味がありませんでした。当然、兄が経営を引き継ぐのだろう、一生安泰でいいな、くらいに思っていました。

　そのため、アパート経営していて、お金がない…？　なんてとても理解で

きませんでした。

　しかし、実際に預金通帳を見てみると、衝撃的な事実を目の当たりにします。

預金残高０円…

「これはマズい…」

　税理士の勉強をしていたので、興味本位もあり、我が家の賃貸経営を分析してみました。すると、お金がない理由がわかってきました。

　私の実家の賃貸経営は、かなり杜撰だったのです。

- ・　空室があっても、管理会社任せで何もしない。
- ・　いつ経費や税金の支払いがあるかわかっていないため、貯蓄しておかなければならない金額がわからず、使ってしまう。
- ・　お金がなくても、自分たちの生活レベルは落とそうとしない。

　私は、前職で仕事柄、やむなく事業が倒産した会社を見てきました。それと実家の賃貸経営は比べると「これは事業とはいえない」と思うほど、いい加減なものでした。

　私は、それを１つ１つ改善していきました。

　物件のチラシを作成して、不動産屋さんへ営業回りをし、銀行と交渉して融資を受け、過去20年以上ほったらかしだった建物の修繕をし、支出を減らすために親の生活費まで削りました。

　その結果、半年後には、何とかお金が残っていくようになりました。しかし、これで手を緩めたら、また同じような状況に陥ってしまうと思い、私が全面的に経営をしていくという覚悟を決めました。

　賃貸経営を自分でやってみると、だんだんとお金の流れがわかってきます。私の実家の賃貸経営でお金が残らない１番の原因は、お金の管理が杜撰だったことでした。

しかし、そもそも賃貸経営は思ったよりもお金が残らないのではないかと気がついてしまったのです。

　不動産賃貸は、世間では不労所得といわれ、いかにもお金持ちがやっているイメージがありますが、そんなことはないと思えるくらいのシビアな状況になっているのです。

　私の実家もそうでしたが、「お金が残っている」と勘違いしている方が多く、そのような人が結果的に恐ろしい状況になるのではないかと思います。

　「早くこの事実に気づいていれば、対策の打ちようがあったのに」「そうならないように私が大家さんに伝えるべきなのではないか」そんな思いから、私は「**大家さん専門税理士**」としての道を歩むことにしたのです。

　本書は、築古のアパートを相続してしまったところから始まります。

　決して、賃貸経営に否定的な考えを持ち、売却を勧めるものではありません。しかし、賃貸経営を積極的に勧めることでもありません。

　「**賃貸経営をやるならトコトンやる！**」という気持ちがないと、賃貸経営を継続するのは難しいと思っています。

　また、右も左もわからない状態で賃貸経営を開始しても、路頭に迷ってしまうでしょう。どんな選択肢があり、その選択肢を進むと、どんなことになるのかを知るだけでも前に進む意欲が湧きます。

　そして、もし賃貸経営をやろうと決意したのであれば、よりよい経営をするためにどんな改善ができるのかをお伝えしていきます。

　決して易しくはない道ですが、私と一緒に賃貸経営の未来を切り開いていきませんか？

　私は賃貸経営の未来を語れる同志を求めています。

本書を読み進めるにあたって

　本書は、相続で賃貸不動産を相続した方、すでに賃貸経営を始めてしまっている方の「これからどうしていけばいいかわからない」「何となく賃貸経営しているけれど不安だ」という悩みを解消していただくために、これから先に何が待っているか、どう判断していけばいいかを指南する内容になっています。

　できる限りフローチャートにして、判断しやすいようにしました。

　「賃貸経営は、節目節目に大きな判断を迫られる仕事です」

　大家さん専門税理士として多くの賃貸経営を見てきた経験上、この判断ができない方が多いと感じています。

　それは、何を基準に判断すればよいかわからないことが原因です。

　しかし、経営をする以上わからないものに対しても判断を下さなければならないのです。判断を遅らせても、何も解決はしないのです。

　現実はフローチャートのような単純には判断できないことが多いことはわかっています。

　これまでの個々の事情、感情、背景、思いなどをひっくるめて判断しなければいけません。しかし、色々なことを考えすぎて行動できない人を沢山見てきました。

　単純化した方が行動できるという観点で、判断に必要ない要素を省きました。

　判断するところから、経営が始まると思っています。何かを決断すれば課題が見えてきます。

　本書があなたの賃貸経営にお役に立てれば幸いです。

【老朽化した賃貸不動産を相続した後に判断するべき全体像】

START

老朽化した賃貸不動産の相続

↓

| 持ち続けるか？売却か？の判断【第2章】 | → 売却 → | 売却する場合にやるべきこと【第5章】 |

↓ 持ち続ける

持ち続ける場合にやるべきこと【第3章】

↓

建て替える場合にやるべきこと【第4章】

↓

事業承継するか？しないか？【第6章】

事業承継しない ↑

↓ 事業承継する

相続対策に向けてやるべきこと【第7章】

大家さんのためのインボイス制度 【第8章】

Contents

はじめに

本書を読み進めるにあたって

第4章　建て替える場合に検討するべきこと

第5章　売却する場合に検討するべきこと

第1章
不動産賃貸業の現状と課題

01 甘くない賃貸経営

　私が、親の賃貸経営を引き継いでから10年以上が経過しようとしていますが、年々賃貸経営は厳しくなってきていると感じます。

　総務省が5年ごとに行う住宅・土地統計調査によると2018年の「全国空き家率」は13.6%です。右肩上がりに空き家が増えていることがわかります。

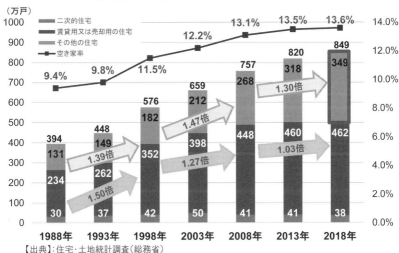

【空き家の種類別の空き家数の推移】

【出典】：住宅・土地統計調査（総務省）

（出典：空き家対策について（国土交通省）を加工）

また、国土交通省が発表した2017年11月の住宅着工の動向によると、アパートなどの貸家の建設は前年同月比で2.9%減と6か月連続でマイナスとなっているとのことです。

　2015年に相続税が増税により、相続税の節税になるからとの理由でアパート建築が増加してきましたが、供給過剰な状況に警鐘を鳴らすように、金融機関がアパートローンを控えるようになったことが原因のようです。

　これから日本の人口は減っていくことが予測されます。明らかに需要と供給のバランスが崩れている現状では、賃貸経営は、衰退産業といっても過言ではないでしょう。

　「賃貸経営は甘くない」というのが、私が実家のアパート経営を引き継いで約10年間経営してきた中で感じていることです。

　自分で事業をするということは、自己責任です。失敗をしても、建築会社、不動産会社、金融機関、コンサルタント、税理士などの専門家は、誰一人として責任を取ってはくれません。

　相続した側からしてみれば、「『自己責任』といっても、アパートを建築したのは、自分ではない」と言いたいところでしょうが、「私が判断したわけではない。ただ引き継いだだけ」と言ってしまっては、何も始まりません。

　あなたが引き継いだ以上は、自分で判断をしていないとしても、その結果の責任は全てあなたが負うことになります。

　過去に原因を求めても、過去は変えられません。経営者とは、どんな状況であっても未来を切り開いて行かなければならないのです。

02 賃貸経営に未来はあるのか

　賃貸経営の環境が厳しいといっても、賃貸住宅が全て必要なくなるかといえば、そうではありません。人口が減少していっても、賃貸住宅の需要は必ずあります。

　全国各地の大家さんを見ると、どれだけ建物が古くても、どれだけ立地が悪くても、頑張って満室にしている人がいます。その人たちを見ていると、「物件が古いから」や「立地が悪いから」というのは、言い訳に過ぎないと感じさせられます。

　どうすれば、その人たちのようになれるのでしょうか？

　それは、行動です。頑張っている大家さんほど、行動しています。そして、愚痴ばっかり言っている大家さんほど、行動していません。

　立地が悪くても満室にしている大家さんは「需要は少ないエリアだけれども、まわりに競争相手がいないので、都心よりも満室にするのは簡単だ」と言います。できる大家さんは、色々とやり方を試し、失敗と成功を繰り返しながら模索しています。今までの固定概念を捨てて、チャレンジをし、賃貸経営を楽しんでいます。

　「努力と工夫次第では充分やっていける業界」といえるのではないでしょうか。ですから、今後の賃貸経営は決して暗いものではありません。

　不動産業界には、良くも悪くも古い慣習が残っています。例えば、未だにFAXでのやり取りが主流で、ITなんてほとんど使われていません。また、賃貸物件のお部屋の募集方法も何十年と変わらないやり方です。

　だからこそ、まだ発展途上といえるのではないでしょうか。私はこの業界は改善できる余地があるものとワクワクしています。

　衰退している業界と見るのか、これから改善する余地がある業界と見るのか捉え方1つで決まるのだと思います。

03 老朽化した不動産の9つの苦難

　「築古アパートを所有することは、苦労が多い」と私自身、築古のアパートを所有しているので実感しています。相続によって築古アパートを承継した方は、何に苦労するのかがわからないと思います。

　ここでは、築古アパート特有の問題を挙げていきます。

(1) 家賃の問題

　家賃は築年数が経てば経つほど下がっていく傾向にあります。

　特に立地が良くないところでは、家賃の下落幅が大きくなります。新築時と比べると30〜50％程度は下落しているのではないでしょうか。

　得られる家賃が売上ですから、その売上が低くなっていけば、儲からない事業ということになります。

(2) 競争力の問題

　日本では、新築の物件が好まれます。

　最近の若い人たちには、築年数が気にならないという人も増えてきたと聞きますが、やはり新築の人気は根強いものがあります。

　部屋探しがインターネットでできるようなってから、物件を自分で検索するようになっています。検索機能で必ずついているのが、築年数での絞り込みです。

　築10年以内の物件にチェックを入れれば、それを超える物件は出てきません。目に触れる機会がないのであれば、実物がいかに良くても選ばれるわけがないのです。

　つまり、物件を見る前から築年数で弾かれてしまっている可能性があるということです。

（3）間取りの問題

　バブル期に建てられたアパートは1室の面積が狭いところが多いです。今の賃貸市場のような供給過多でなく、需要が多かったせいでもあります。

　新築を建てれば行列ができるといわれるほど、すぐに入居が決まった時代がありました。その時代に収益を上げるためには、部屋をいかに狭くして部屋数を多く造るかが重要だったのです。そのため、1室 $10m^2$ くらいのワンルームが多くありました。しかし、今は少子化の影響もあって、ワンルームでも $20〜25m^2$ くらいの部屋を造る建物が増えてきました。

　また、築古のなかには、全体の部屋の面積が広くても、1つの部屋を狭くして、部屋数を多くしている建物も見かけます。少子化で大きな部屋に慣れている若い方には、狭い部屋は使い勝手が悪いと感じられてしまう可能性もあります。

　このようにライフスタイルの移り変わりによって、当時はよかった間取りでも、現代にそぐわないことも多々あります。

　そして、このような問題は、簡単に修繕して変えることができません。

（4）音漏れの問題

　築が古いアパートには、隣や上からの生活音が響きやすいという問題があります。これは、現在の建築工法などが進み、以前の建築技術や建築材と比べると、現在の建築の方が格段に優れるようになったからです。

　特に、RCマンションで暮らしていた人が、築古の木造アパートに引っ越すと音の響き方に驚いてしまうことがあります。

　こちらの問題も、簡単に修繕などで解決ができません。

（5）耐震の問題

　毎年のように大きな地震被害が起きている日本に住んでいれば、嫌でも地震が気になるでしょう。

　「地震に強い建物かどうか」を賃貸物件を選ぶ上での基準として考える人

が多くいます。その目安となるのが築年数です。

　1981年6月1日より前か以後かで建築物の設計において適用される地震に耐えることができる構造の基準が異なります。もちろん旧耐震基準でも地震の揺れに強い建物もありますが、入居する側の立場からすると、新耐震基準というお墨付きがあった方が安心できるでしょう。

旧耐震基準	1981年5月31日以前	震度5強程度の揺れでも建物が倒壊しないような設計
新耐震基準	1981年6月1日以後	震度6強〜7程度の揺れでも建物が倒壊しないような設計

　旧耐震基準でも、耐震工事を行うことにより「耐震基準適合証明書」が発行されます。大きな支出をして耐震工事をしてまで、証明書を取るかどうかが問題になってきます。

(6) 修繕の問題

　建物を長持ちさせるためにはメンテナンスが必要になります。

　建物も設備も時間とともに傷んできます。築10年くらいまではそれほどかかってこなかった修繕費が、それを超えてくると雪だるま式に増えていきます。

　特に、大規模修繕には、何百〜数千万円単位の支出がかかってきます。

　大規模修繕として代表的なものは下記の周期でやってきます。

外壁の塗り替え	15〜20年
屋上防水工事	10〜15年
配管の取り替え	20〜30年周期（構造などによって変わってきます）

　部屋の修繕も長く入居していた方が退去した場合、古い設備のまま使用したら、新しい設備に変えるべくフルリフォームしなければならないことがあります。1室100万円を超える修繕費用がかかることも珍しくはありません。

（7）入居者の問題

　賃貸物件に長く住んでいる入居者の中には問題がある方が少なからずいます。

　「家賃を滞納する」「ゴミを部屋の中に溜めている」「野良猫を部屋で飼っている」というような入居者による被害の経験が私にもあります。

　しかしながら、入居者の居住する権利は借地借家法で強く守られており、たとえ入居者に問題があっても、家主から賃貸借契約を解除することが難しいのが現状です。

　借地借家法上、家主側から契約解除するためには「正当事由」が必要になります。家主が自分で使う事情や、建て替えたいという事情は、原則、正当事由にあたりません。

　賃貸借契約書に解除事由として記載があったとしても、借地借家法で「入居者に一方的に不利な条項は無効」とされ、なかなか解除ができないことがあります。さらに、契約解除をしても、居座られた場合に強制退去させるためには、裁判をして、強制執行しないと追い出せないことになっています。

　借地借家法がある限り、家主は弱い立場に追いやられてしまっているのです。

（8）税金の問題

　新築のときよりも、家賃が下がっていても、築が古くなれば、税金が高くなっていることがよくあります。

　これは、建物の減価償却がなくなっているからです。建物や備品などの固定資産を購入した場合には、購入したときに、全額を経費に計上できるわけではありません。その固定資産の使用可能期間にわたり、分割して経費に計上していかなければならないのです。

　これは会計独特の考え方です。なぜかというと、利益を計算するためには、期間を区切らなければならないからです。

　「利益＝収入－経費」ですが、収入がいつからいつまでのものであり、そ

の間の経費を明確にしないと利益は絶対に出せないのです。

　通常会計期間は1年（個人の確定申告の場合は1月1日から12月31日）です。1年間の収入と経費を計算して利益を出していきます。

　この場合、多額になる固定資産の購入費を、全額経費にしてしまうと、固定資産を購入した年に大幅に利益は少なく（もしくはマイナス）になり、購入年以降は、利益が多く出てしまい、バランスがおかしくなります。

　そこで、固定資産を使える期間（耐用年数）は、収入に貢献しているのではないかと考え、経費を分割して計上することにしているのです。つまり、固定資産を使用することにより直接的または間接的に得られた収益と、費用を対応させるための費用配分をしているのです。

　この耐用年数は、「どのくらい使用できるのか」を判断しなければなりません。各自の判断に任せると、利益を少なくして税金を少なくすることが意図的に出来てしまいますので、税金を計算する上では、この耐用年数を意図的に操作させないように、あらかじめ耐用年数を定めています。

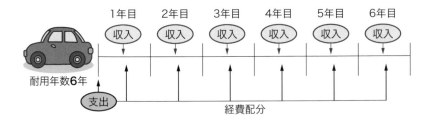

　これを法定耐用年数といいます。例えば、車なら6年、パソコンなら4年です。

　建物はどうでしょうか？　同じ種類でも用途や構造によっても変わってきます。

	住宅用建物・店舗用建物	事務所用建物
木造	22 年	24 年
鉄骨造（骨格材の肉厚が3mm 以下）	19 年	22 年
鉄骨造（骨格材の肉厚が3mm 超 4mm 以下）	27 年	30 年
鉄骨造（骨格材の肉厚が4mm 超）	34 年	38 年
鉄筋コンクリート造	47 年	50 年
建物附属設備	15 年	
エレベーター設備	17 年	

(注) 土地や骨とう品などのように時の経過により価値が減少しない資産は、減価償却はできません。

　木造であれば 22 年間減価償却が生じ、その期間は、経費が計上できます。しかし、22 年を過ぎると、今まで経費計上していた減価償却がパッタリとなくなってしまいます。

　今までより数百万円も経費計上できなくなるわけですから、一気に税金が上がってしまいます。そのため、新築時よりも築が古い方が税金が高くなっていることがよくあるのです。

(9) キャッシュフローの問題

　築が古くなって、家賃が下がり、修繕費もかさみ、さらに税金が高くなるのであればキャッシュフローが苦しくなっているのは当然でしょう。

　さらに追い打ちをかけることがあります。それは借入金が残っている場合です。築が古いということは、借入金も大分返済されていることでしょう。しかし、返済額は変わっていない場合があります。

　それは、元本と利息を一定にする元利均等返済で返済しているからです。大抵の大家さんは、返済額を抑えるために元利均等返済にしています。

元利均等返済の場合、最初に利息の割合が多く、後々元本の返済割合が高くなってきます。ちょうど下の図のようなグラフになります。返済額は変わっていませんが、利息の割合が少しずつ減っているのがわかります。

【20年返済の年間返済額内訳の推移】

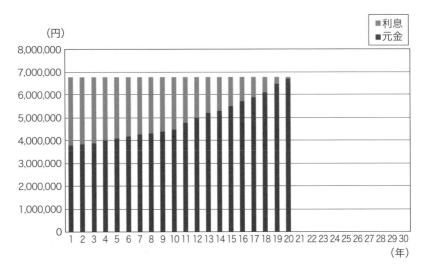

　利息は経費になります。利息が少なくなるということは経費が少なくなっていくことで、税金が年々上がることになります。

　元本返済は経費ではありませんが、支出としてお金が出ていきます。そうすると、税金が多くなっているにもかかわらず、返済分の支出が減らない事態が起こるのです。

　築が古いということは、キャッシュフローが残らないという問題に繋がっているのです。

04 ライフサイクルから考える賃貸経営

　私が賃貸経営を経験したことによりわかったことは、「賃貸経営は節目節目で重要な判断が必要」だということです。

　賃貸経営には明日、明後日などすぐに変化があることはありません。1～2年後にもそれほど変化がないことも多いです。

　しかし、5年先、10年先には大きな変化がやってくる可能性があるのです。

　賃貸経営者（人）も賃貸物件（物）も同じです。人であれば、高齢になるにつれて、相続対策が必要になるし、建物であれば、老朽化していくため、大規模修繕や建替えなども検討していかなければなりません。

　その変化にどう立ち向かっていくか、事前に対策ができるかが、賃貸経営においてはとても重要なことになります。ですから、今後起こりうる事態を想定して、今どのような方針を立て、賃貸経営を進めていくべきかを把握することをしなければならないのです。

【賃貸物件（物）】

創業期	成長期	成熟期	衰退期・第2創業期
築1～2年目	築2～20年目	築15～35年目	築30年目～

1～2年目	2～20年目	15～35年目	30年目～
創業期	成　長　期	成熟期	衰退期・第2創業期

| ライフイベント | | 大規模修繕 → 建替え |
| | | 事業承継 |

　賃貸経営のライフサイクルにおいて、それぞれのステージにどのような事態が起き、どんな対策をしなければならないのでしょうか？

「賃貸経営も人生と同じようにライフステージがある」というのが私の持論です。創業期、成長期、成熟期、衰退期・第2創業期という4つのステージに分けられます。

①　創業期、成長期

大きな変化はないことが多いです。

②　成熟期

大きな変化がやってきます。

わかりやすい例でいうと、大規模修繕です。多額のお金が必要となります。これを予測しておかないと、お金の準備ができないかもしれません。

ある程度、大規模修繕がいつ、いくらくらいかかるのかを予測することでお金の準備ができます。それは、毎月修繕積立金としてお金をプールしておく、銀行からお金が借りられるように銀行に根回ししておくなどです。

この準備を創業期、成長期にやっておかなければならないのです。

③　第2創業期

大規模修繕が終わっても、第2創業期には、建替えという問題がやってきます。さらには、その間に、相続や事業承継もやってくるかもしれません。

これらの問題はいきなり解決をすることはできません。しっかりと準備をしていかないと、つまり時間をかけていかないと解決できない問題なのです。

すでに成熟期の賃貸物件を保有している方でも、今後やってくる変化にどう対応していくかがとても大事になってくるのです。

「賃貸経営を長い目で見て、そこから逆算して対応していく」ということができれば、賃貸経営は失敗しません。賃貸経営はある程度ライフイベントが予測しやすいため対策が立てやすいともいえます。

是非、このような視点をもって賃貸経営に望んでください。

05 ２代目大家の二極化問題

現在の賃貸経営が抱える問題として、もう１つあります。

２代目（以降）大家の二極化です。

事業承継した２代目（以降）のオーナーさんは、ポジティブ大家さんとネガティブ大家さんの大きく２つに分かれる傾向にあり、この二極化が進んでいます。

ポジティブ大家さん	賃貸経営には積極的で、厳しい賃貸経営を、自らの（サラリーマン）経験を使って、創意工夫をしようとする方
ネガティブ大家さん	賃貸経営には消極的で、早めに売却して手放すことを考える方

ネガティブ大家さんになってしまうと、せっかく親御さんが頑張ってこられた賃貸経営が意味のないものになってしまうことになります。どうせなら、親御さんは後継者にポジティブ大家さんになってもらい、不動産を守っていってもらいたいと思うでしょう。

もし、今後賃貸経営を引き継いでやっていこうと思われている方は、是非「どうやって次の世代に引き継がせるか」を考えていただきたいと思います。

自分の代だけ賃貸経営が上手くいっても、意味がないのです。賃貸経営は長く続く事業なのです。次の世代にバトンタッチして、その世代の賃貸経営が上手くいって、初めて賃貸経営が成功したといえるのだと思います。

詳しくは後述しますが、きちんと計画的に事業承継を考えないとならないのです。

06 経営者に求められること

大家さんを「不労所得」というのは、今は昔です。

「不労所得」は汗水垂らして働かなくても、つまり、何もしなくても、家賃が入るという意味合いの言葉だと思います。

成功している大家さんの中で、「不労所得」なんていう人を私は1人も知りません。常に満室経営している大家さんは、汗水垂らしているかどうかはわかりませんが、創意工夫をして、入居者から選ばれる物件作りに余念がなく、努力をされています。

管理会社に丸投げでも家賃が入ってくる時代は終わりました。大家さんが自分ごとと捉えて、自ら改善していくことができるかどうかです。

大事なことは、「経営者意識」を持つことです。そのために一番大事なことは？必要とされる能力は？何だと思いますか？

それは、行動力です！

知識として知っているだけでは、成功しません。行動して初めて、成功できるのです。しかし、この行動ができない人が圧倒的に多いのです。

私は、賃貸経営の知識や経験がゼロの状態から賃貸経営を引き継ぎました。とにかくやらなければという焦りから、じっとしていられませんでした。

まずは、本屋さんに行って、賃貸経営に関する本を50冊くらい読み漁り、そこに書いてあることをそのまま実行していきました。

私の賃貸経営が成功したとはいいませんが、ゼロからやってきて10年以上賃貸経営を続けてこられたのも、すぐに「実行した」からに他なりません。

「私には経営者としての能力がない」と思って、賃貸経営を諦めてはいないですか？

経営者ときくと、雲の上の存在みたいな感じがして、気おくれしてしまいがちですが、必要なのは実行力だけです。

「腹をくくって実行する」これが経営者として一番求められていることです。

第2章
持ち続けるか売却するかの検討

　最近、老朽化した賃貸不動産を相続した相続人の方からの質問が多くなっていると感じています。

　その多くは親御さんが賃貸経営をしていて、そのお子さんが相続したケースです。お子さんは賃貸経営が初めてなので、どうすればよいかわからないのでしょう。

　最終的には、持ち続けるのか、売却するのかの2択の判断になるかと思いますが、どのように判断すればよいのかがわからない相続人が多いのです。

　面倒くさいから「売却」という気持ちもわからなくはありません。

　しかし、「親や先代が維持してきた賃貸物件を、簡単に手放していいのだろうか」という思いがあることも事実ではないでしょうか？私は、地主の家系として育ってきましたので、その気持ちが痛いほどわかります。

　無理をして引き継いだところで、その後の人生が狂ってしまう人も中にはいらっしゃるでしょう。そこまでして引き継ぐ必要はないと思っています。

　しかし、引き継ぐべきか否かを充分検討しないで、「売却」というのでは、あまりにも寂しいのではないでしょうか。

　私のスタンスとしては、充分に維持できる、もしくは、改善すれば維持できるのであれば、持ち続けましょうということです。

　まず、私の考える「持ち続けるか売却するべきかの判断基準」をフローチャートにしてみました。これに沿って解説していきます。

【持ち続けるか売却するべきかの判断フローチャート】

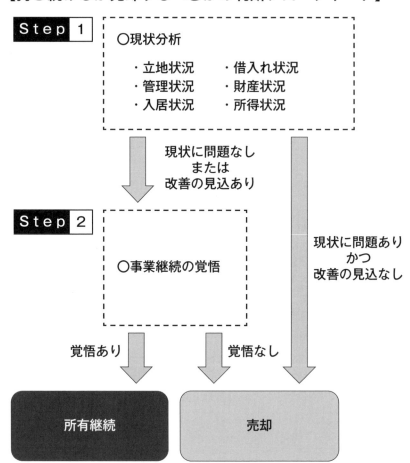

Step 1

○現状分析

・立地状況　・借入れ状況
・管理状況　・財産状況
・入居状況　・所得状況

現状に問題なし
または
改善の見込あり

Step 2

○事業継続の覚悟

現状に問題あり
かつ
改善の見込なし

覚悟あり　　覚悟なし

所有継続　　売却

① 現状分析

　まずは、相続した賃貸物件の現状分析をするところから始めるべきでしょう。それぞれ分析する内容は以下の6つです。

(1) 立地状況

　賃貸経営において立地は非常に重要です。

　一般的に都市部、駅近がよいとされます、地方でも駅近でなくても、需要があれば賃貸経営は成り立ちます。周りの賃貸物件の入居率はよいのか、近くに学校や会社などがあるか、今後の人口推移はどうなっているのか、その地域の将来も含めて検討するべきでしょう。

　相続税対策だけで建ててしまったケースに多いのですが、例えば、周りが畑ばかりで、将来的にも賃貸需要がないところに建ててしまった賃貸物件であれば、売却を検討した方がよいといえるでしょう。

　誤解して頂きたくないのは、立地が悪いから、すぐに売却しましょうということではないのです。徒歩20分でも、バス便で40分でも、賃貸経営をやっていける大家さんはいらっしゃいます。

　きれいに外壁を塗り替えたり、入居者さんと積極的にコミュニケーションを取ったりすることで、近隣の物件との差別化を図っています。その方たちに話を聞くと「他にライバルがいないのでやりやすい」とさえいっています。

　結局は、工夫と努力次第でどの立地でも経営していけるのです。

　大事なことは、「立地が悪いことを言い訳にしない」ことです。賃貸経営で上手くいかないと、「空室が埋まらないのは、立地が悪いからだ」と原因を環境のせいにしがちですがそれでは何の進展もありません。

　賃貸経営は時代とともに大変になっていくため、常に改善が求められています。立地のせいではなく、自分のせいだと考えられるかどうかが、賃貸経営を続ける条件です。

（2）管理状況

　私は賃貸経営には3つの管理が大切だと思っています。

①　建物の管理

　築30年以上であっても、今までのメンテナンス状況によって大きく変わります。小まめにメンテナンスをしていたかどうかで、見た目や今後どのくらい長持ちするか、が異なってきます。

　特に大きな出費になる可能性があるのが大規模修繕です。外壁の塗り替えは15〜20年周期、屋上防水は10〜15年周期での修繕が必要です。これらの修繕をいつやっているかによって、今後の資金繰りに影響が出ます。

　また、室内でも時代にあったリフォームが必要な場合があります。例えば、外置きの洗濯機は、嫌厭される傾向にあります。室内に洗濯機置場を設ける工事をすると、100万円近くの大きな費用がかかってきます。

　しかし、今後の入居付けを考えると必要な支出ともいえます。部屋が空いた都度工事をやるとしても、総額でいくらくらいかかるかを試算しておく必要があります。

②　入居者の管理

　入居者の管理としては、集合住宅での生活管理はもちろん、家賃が毎月支払われているかの管理も重要です。

　家賃は2〜3か月滞納すると、まとめて払うことが現実的に難しくなってきます。そうなった場合には追い出そうにも、入居者が了承すればよいですが、了承しないときには強制退去するために裁判手続きが必要になります。退去させて次の入居者が決まるまでは、当然に家賃は入ってこないのです。

　滞納はすぐに対応することが大事です。滞納がないか、あったとしても督促する仕組みがあるか、を確認しましょう。

③ お金の管理

これは、お金を計画的に管理しているかどうかです。

家賃がいくら入って、返済にいくら出て、支出がどれくらいで、手残りがどのくらいなのかがしっかりと管理されていれば安心です。

できれば、長期的に計画立てているかも確認しましょう。将来、必ず大規模修繕がありますのでその支出をするための積立をしてきているかなどです。

しかし、毎月のキャッシュフローを見たときに、積立まですする余裕がない状況になっていることもよくあります。

その場合には借入れができるのかどうかが重要です。現状の借入れがまだまだ残っていると、借入れが難しい可能性もあります。

(3) 入居状況

入居状況を分析するにあたり、まず現在の稼働率がどのくらいかを確認してみましょう。

ざっくりで構いません。稼働率の計算方法を紹介します。

年間の家賃収入で考えると簡単に稼働率を測ることができます。

$$\frac{その物件の年間の家賃収入}{満室時の年間家賃収入} \times 100$$

【月6万円の家賃の部屋が10戸あるアパートの計算例】

満室時の年間の家賃収入	6万円×12月×10戸＝720万円
実際の年間の家賃収入	680万円
稼働率の計算	（680万円／720万円）×100＝94.4%

仮に稼働率が50％だとしても、ダメな物件と決めつけるのは早計です。それが改善できるかどうかの方が重要なのです。

すでに努力をしていて50％なのか、何も努力していなくて50％なのかでは大きく違います。

私が思うことは、やることやっていないで、空室を嘆いている人は多いと

いうことです。

(注) 詳しくは第3章のチェックリストをご覧ください。チェックがつかないのであれば、改善の余地があるということです。

(4) 借入れ状況

　相続税を抑えるために借入れを多くしている地主さん大家さんは意外と多くいます。建物が古くても借入れがまだまだ残っているケースもよく見かけます。

　賃貸経営を維持していくためには、この借入れが重荷になってしまいます。

　借入れがどのくらい残っていて、あと何年で返済できるのかをきちんと把握する必要があります。所得が大きくても、借入れの返済が大きくてキャッシュが残らない大家さんは非常に多いのです。

　借入状況を測るために、返済比率を計算してみましょう。返済比率は下記の算式に当てはめれば計算できます。

$$\frac{その物件の年間の返済額}{その物件の家賃収入} \times 100$$

【計算例】
　　　毎月の返済額　　　　　　30万円（元利均等返済）
　　　実際の年間の家賃収入　　680万円
　　　　　　　　　　　　　　　（30万円×12／680万円）×100＝**52.9%**

　この返済比率が現状でも50％以上であれば、将来資金繰りに窮する可能性が出てきます。70％以上であれば、相当苦しいでしょう。

　苦しい状況であれば、売却も検討した方がよいですが、下記の方法によっても返済比率を下げることは可能です。

①金利を下げること、②融資期間を伸ばすこと、③繰上げ返済をすること

（注）詳しくは 46、47 頁のチェックリストをご覧下さい。チェックがつかないのであれば、改善の余地があるということです。

（5）財産状況

　借入れが多額にあっても、現預金を多く持っていれば問題はありません。

　しかし、大家さん・地主さんの財産構成のほとんどは不動産です。建替えや大規模修繕のために建築当初から積み立てている大家さんは稀です。

　相続財産に現金が多ければ多額の相続税を払っている可能性があり、手元資金があまりないのが実情です。

　企業にとって、現金は血液です。体は健康でも血液が行き届かなければ死んでしまうように、企業も現金がなくなれば、倒産してしまうのです。

　現金でなくても、株式などの金融資産で、すぐに換金化できるものであれば、現金と同じように考えてもよいでしょう。

　経常的な支出、臨時的な支出に耐えられるくらいの現金があるかどうかを、ざっくりと計算してみることが大事です。

経常的な支出	臨時的な支出
・　固定資産税などの税金の支払い ・　損害保険料 ・　退去時のリフォーム費用	・　大規模修繕 ・　建替え費用

　経常的な支出を払う現金はあっても、臨時的な支出を払う現金はないという方も多いのではないでしょうか。現金がなくても、金融機関から融資を受け、借入れでまかなえれば問題はないといえます。

　問題は借入れができるかどうかです。金融機関が融資するかどうかは、基本的には担保余力があるかで判断します。

　担保余力の計算は、金融機関によって異なりますが、一般的な算式は次のとおりです。今現在、担保余力がなくても、借入れの返済が進めば、担保余力が増えてきます。

> 担保価値(注) － 現在の借入れ残高 ＝ 担保余力
>
> (注)担保価値＝(土地の面積×路線価)＋{建築単価×延床面積×(法定耐用年数－築年数)
> ÷ 法定耐用年数}

　大規模修繕や建替えのタイミングが先にあれば、その時点の借入残高で計算してみてもよいでしょう。

(6) 所得状況

　賃貸物件を引き継いだことによって、税金(所得税・住民税)がどのように変わるかはとても重要なことです。特に、サラリーマンや自営業をやっている状態で賃貸経営を引き継ぐと、もともとの給与所得や事業所得に不動産所得が上乗せされて税金がかかってきます。

　所得税は、超過累進税率という仕組みをとっています。

　超過累進税率とは、所得が大きくなれば大きくなるほど、高い税率で課税されます。ただし、全体に対して、高い税率が課税されるのではなく、一定の金額を超えると、超えた部分にだけ高い税率がかかるというものです。

【所得税の速算表(平成27年分以降)】

課税される所得金額	税率	控除額
1,000 円 から 1,949,000 円まで	5%	0 円
1,950,000 円 から 3,299,000 円まで	10%	97,500 円
3,300,000 円 から 6,949,000 円まで	20%	427,500 円
6,950,000 円 から 8,999,000 円まで	23%	636,000 円
9,000,000 円 から 17,999,000 円まで	33%	1,536,000 円
18,000,000 円 から 39,999,000 円まで	40%	2,796,000 円
40,000,000 円 以上	45%	4,796,000 円

(注)課税される所得金額は、1,000 円未満の端数金額を切り捨てた後の金額です。

　これは家賃収入の大きさだけでは計れません。家賃収入は大きくなくても、

減価償却が少なくなっていれば、所得が大きくなっていることもあるのです。

　そもそも高い税率になってしまっている人が、賃貸経営を引き継ぐと、その不動産所得についても高い税率で課税されてしまいます。それによって、賃貸経営のキャッシュフローがマイナスになってしまうこともあるのです。これでは、何のために賃貸経営をするのかわからなくなってしまうことでしょう。

　ただし、税金が高くなるから、「賃貸経営を辞めた方がよい」と思うのは早計です。賃貸物件を法人経営にする、いわゆる法人化という改善策があるからです。ですから、所得状況によって引き継ぐか否かを判断するのではなく、高い税金がかかるかもしれないから、その対策法を考えた方がよいということです。

　具体的な要件や方法は、後述します。

(7) 結局は

　検討のポイントをご覧頂いていかがだったでしょうか?

　わかっていただきたかったのは、何が課題なのかを明確にすることです。そして、課題がわかれば改善ができます。

　売却しようかどうしようか迷われた方は、是非第3章を読んでください。改善の方法が書いてあります。

　「こうすれば改善できるのだ」とわかれば、頑張って持っていようという気持ちになるかもしれません。

事業継続の覚悟

　現状分析で問題がなくても、賃貸経営を自分の事業としてやっていく覚悟がなければ、賃貸経営を維持していくことはお勧めできません。

　前述のとおり、今後賃貸経営が厳しくなることは目に見えています。

　辛いときや上手くいかないときに他人や環境のせいにする人がいます（下記左）。そんな言葉を聞くたびに「それをいって何かが解決するの？」といいたくなります。

　経営者としての覚悟がないのでしょう。経営者はどんな状況であっても、自ら解決策を導き、向かっていかなければなりません。原因を自分に向けて探って、改善しなければならないのです。

【なかなか空室が埋まらないときの思考】

・立地がよくないから
・隣に新築が建ったから
・自分が始めた事業じゃないから
・管理会社が動いてくれないから

・空室の原因を自分が探っていなかったかもしれない
・もっと管理会社の担当者と蜜に連絡すればよかったかもしれない
・もっと不動産会社に動いてもらえるように自分が指導すればよかったかもしれない

　上記の右のように考えるのが経営者なのです。つまり、常に改善するために、自分がどう行動すればよいか、という視点を持っている人です。

　成功する人＝行動する人です。

　「賃貸経営は不労所得、楽して儲かる仕事」であるとか「管理会社やサブリース会社に任せておけば何もすることはない」と思っているのであれば、今すぐ辞めた方がよいとアドバイスします。中途半端な気持ちで賃貸経営す

るのであれば、辞めた方がよいと思うのです。私の実家が経験したように痛い目に合うでしょう。

　私は、そのような失敗をして欲しくないのです。

03 賃貸経営は右肩下がりの　ビジネスモデル

　私がそこまで賃貸経営の覚悟にこだわるのはどうしてでしょうか。

　実際に賃貸経営をしてみてわかったことは「そもそも賃貸業は思ったほどお金が残らない」ということでした。

　次の表を見てください。これは事業計画表といいます。

　事業計画表とは、所得計算と収支計算（キャッシュフロー計算）を上下に比較したもので、現在を１年目として将来の所得とキャッシュフローの推移がどのように変化していくのかを数字にしたものです。

　このなかで一番大事な数字は、手残り（キャッシュフロー）の数字です。

　手残りが潤沢にあれば問題ないですが、手残りが少なくなったり、マイナスになると経営が立ち行かなくなってしまいます。

【所得計算】
（単位：万円）

経過年数	1	2	3	6	9	12	15	18	21	24	27	30	33
家賃収入	3,000	3,000	3,000	3,000	3,000	3,000	3,000	3,000	3,000	3,000	3,000	3,000	3,000
支払利息	820	880	860	810	760	700	640	570	490	400	210	210	100
減価償却（建物/定額法）	231	231	231	231	231	231	231	231	231	231	231	231	231
減価償却/附属設備（定率法）	751	626	521	301	174	145	145	—	—	—	—	—	—
諸経費	600	600	600	600	600	600	600	600	600	600	600	600	600
所得	598	663	788	1,058	1,235	1,324	1,384	1,599	1,679	1,769	1,859	1,959	2,069

【キャッシュフロー計算】

収入	3,000	3,000	3,000	3,000	3,000	3,000	3,000	3,000	3,000	3,000	3,000	3,000	3,000
借入返済（元本＋利息）	1,380	1,380	1,380	1,380	1,380	1,380	1,380	1,380	1,380	1,380	1,380	1,380	1,380
諸経費	600	600	600	600	600	600	600	600	600	600	600	600	600
税金（所得税・住民税）	137	156	196	301	377	416	442	534	568	607	650	700	755
可処分所得	883	864	824	719	643	604	578	486	452	413	370	320	265
生活費	500	500	500	500	500	500	500	500	500	500	500	500	500
手残り	383	364	324	219	143	104	78	-14	-48	-87	-130	-180	-235
累積CF	383	747	1,071	1,831	2,324	2,663	2,924	2,908	2,793	2,570	2,230	1,745	1,101

　キャッシュフロー計算の下から２段目、手残りの数字の推移を見てくださ

い。この数字をわかりやすくグラフにすると、手残りが右肩下がりに減っていることがわかります。

【手残り】

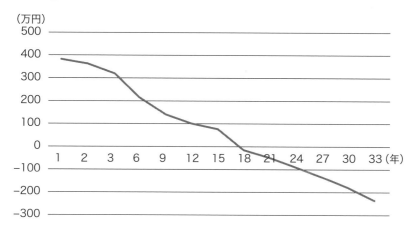

これは、今後人口が減って賃貸需要がなくなるとかこれからもっと空室が増えて収入が少なくなるという話ではありません。なぜならば、事業計画では、あえて、収入を一定にしているからです。1円も収入を下げていません。

さらには、古くなっていくから修繕費がかさんでいくということでもありません。なぜならば、こちらも、事業計画では、あえて、経費も一定にしているからです。1円も経費を上げていないのです。

つまり、どういうことかというと賃貸経営で満室を維持していても、時間が経過していくごとに、手残りが右肩下がりになっていくのです。

理由は2つあります。

① 借入金の利息

借入金利息は年々減っています。元本を返済していっているから当然です。利息は経費になり、経費が少なくなることから税金が年々上がることにな

ります。同時に返済額が減ればよいのですが、返済額は変わっていません。

　これは、元利均等返済で返済しているからです（10頁参照）。つまり、税金増加分だけ支出は増えるため、手残りは、毎年毎年減ることになります。

②　減価償却費

　定額法は減価償却費が一定になり、定率法は減価償却費が年々逓減するのが特徴です。

　平成10年4月以後に取得する建物、平成28年4月以後に取得する附属設備や構築物は、全て定額法に統一されたので、減価償却は一定になります。

　多くの場合、本体と附属設備に分けて、附属設備を15年などと短く償却していることと思います。その場合、15年目にぱったりと附属設備の減価償却がなくなります。するとそれにより一気に税金が跳ね上がります。

　グラフの18年目で手残りがマイナスになっているのは、附属設備減価償却がなくなって税金が上がったからです。

　家賃が一定でも手残りは年々少なくなるのです。実態は家賃が下がっていくからもっと厳しいものになるでしょう。

　「手残りは右肩下がりのビジネスモデル」なのだと考えることが大事なのです。そう考えて、キャッシュフローを最大化する努力を惜しまない覚悟が賃貸経営を続ける上では必要となります。

　私は「賃貸市場は厳しいとしても、賃貸経営が全てなくなることはない。」と考えています。

　この先賃貸経営における「勝ち組」と「負け組」の大家さんの二極化が進んでいくのです。覚悟をもって努力する大家さんは、勝ち組となり、覚悟がなく、人任せで何もしない大家さんは、負け組となっていきます。

　競争に勝ち残っていく覚悟がなければ賃貸経営は難しいのです。逆に、その覚悟があれば、生き残っていくための方法はいくらでもあるのです。

　「あなたは、その覚悟がありますか？」

【持ち続ける場合にやるべきフローチャート】

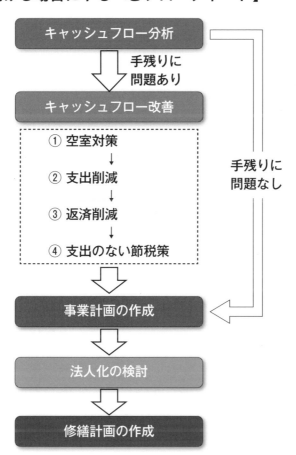

キャッシュフロー分析

手残りに
問題あり

キャッシュフロー改善

① 空室対策
↓
② 支出削減
↓
③ 返済削減
↓
④ 支出のない節税策

手残りに
問題なし

事業計画の作成

法人化の検討

修繕計画の作成

①1 キャッシュフロー分析

（1）キャッシュフロー計算

キャッシュフローはどうやって計算するか、わかりますか？

下記の例のキャッシュフロー、つまり、オーナーさんの賃貸経営の手残り金額はいくらになるでしょうか？

《オーナー情報》
65歳、年金収入　年200万円
家族構成：妻、子2名

《物件情報》
築25年のマンション　鉄筋コンクリート造
都内徒歩駅10分
家賃収入　2,200万円／年
建築費　2億7,000万円（未償却残高　8,000万円）

《借入状況》
当初借入金2億7,000万円　金利2.5%　返済期間30年
年間返済額1,280万円
残債　6,000万円（残期間5年）

《直近の確定申告書の状況》

家賃収入	2,200万円	
収入合計		2,200万円
租税公課（固定資産税）	60万円	
借入金利息	160万円	
修繕費	90万円	
減価償却費	500万円	
その他経費	185万円	
青色申告特別控除額	65万円	
経費合計		1,060万円
差し引き所得		1,140万円
税金（所得税・住民税）	260万円	

（注）所得控除などは考慮していません。

答えは、325万円です。

キャッシュフローでよく使われる算式は、下記のとおりです。

（税引前）所得 　－　 税金（所得税・住民税）　＋　 減価償却費

　　　　　　　　　　　　　　　　　　　 － 　借入金の元本返済

　これは、確定申告の数字から割り出す算式で、金融機関ではよく使用されます。この算式を見ても、理解できる方は少ないと思います。私も税理士になる前は、この算式を意味することがよくわかりませんでした。

　そのため、私はこの算式は使いません。意味が直接的にわかりづらいですし、収入が少ないのか、経費が多いのかが見えてこないからです。

キャッシュフロー 　＝ 　収入 　－ 　返済額 　－ 　経費支出 　－ 　税金等

　そのため、上記で計算するべきです。キャッシュフロー改善を考えるにあたっては、収入・返済・経費・税金がいくらなのか、それが少ないのか、多いのかを確認しなければならないからです。

　この際に気を付けるべきポイントは、あまり細かすぎないことです。

　特に支出を細かくすると、見づらくなりますし、作成するのが大変になってしまいます。手残りを1円単位で正確に出すことではなく、手残りがプラスになっているのか、マイナスになっていることを知ることが一番の目的です。

　その後に、どのくらいの金額がプラスなのか、マイナスなのかを計算すればよいのです。おおざっぱに支出を把握できればよいと割り切ることが大切です。

　ここで是非覚えておいていただきたいのが、大家さんの3大経費です。

　大家さんの経費は、ある程度限られてきます。水道光熱費、通信費、交通費など挙げればキリがないですが、そんなに大きな支出にはなりません。

　大家さんの経費の中で大きなものを占めるのは　**①固定資産税、②借入金の利息、③修繕費**　です。この3つの数字を掴んでおけばよいのです。他の

経費は、ひとまとめにしておきましょう。

　例に当てはめてみると、下記のようになります。

　　　2,200 万円　（家賃収入）
　　　△60 万円
　△1,280 万円　（借入金返済）
　　　△90 万円　（修繕費）
　　△185 万円　（その他の経費）
　　△260 万円　（税金）
　　　325 万円

　家賃収入が 2,200 万円あるのに、手残りは 325 万円です。意外と少ないと思われたのではないでしょうか。しかし、これが実態です。収入の大きさではキャッシュフローは判断できないのです。

　キャッシュフローを正確に計算するところがスタートになります。

(2) キャッシュフロー改善

「どうすれば、手残りが増えるのか…」

　これは私が経営に行き詰まった実家の賃貸経営を引き継いでから、ずっと悩んできたことでした。

　お金がない状態から、どうやってお金を増やすのか…来る日も来る日も悩み続け、そして、ようやく私の結論がでました。

> 「手残りを増やすには 3 つしかない」
> ①　収入を上げる、　②　支出を減らす、③　税金を抑える

　これ以外にないのです。意外にシンプルに思われたのではないでしょうか。

　いかにシンプルに考えられるかが大切です。悩んでいる人ほど物事を複雑にとらえ過ぎてしまい、複雑になればなるほど、人は思考停止になります。

　ポイントは、この 3 つの方法につきそれぞれバランスよく対策をすることです。

　収入を 200 万円増やすのは難しいけれど、収入を 100 万円増やして支出を

100万円減らすことは意外に簡単で、効果は同じです。

　簡単な方法を組み合わせてみるのです。例えば、下記のように無理なく、手残りが増やすことができる場合があります。

【Before】		【After】	
収入	1,000万円	収入	1,100万円
支出	△500万円	支出	△400万円
差引	500万円	差引	700万円
税金	△110万円	税金	△120万円
手残り	390万円	手残り	580万円

　また、手残りが少ないのは税金が高いからと思いこんでいる人もいます。

　しかし、税金を減らすことは簡単なことではなく、そして税金を120万円から60万円にしたところで60万円しか手残りは増えません。労力をかけても得られる結果が少なければ意味がありません。

　収入・支出・税金のどこを改善できるのかを細かく分析することが大事なのです。

⓪2 やってはいけない空室対策

　空室対策をするときに、やってはいけない空室対策をお伝えします。やることがダメというわけではなく、先にやってはダメという意味です。

（1）家賃を下げる

　「空室が埋まらないのは、家賃が高いからです。近隣アパートの同じようなお部屋と比べると少し高いので、下げて募集しましょう」などと不動産会社さんに言われたことはないでしょうか。

　そう聞くと、「空室で全く家賃が入らない状態よりは、少し下げて家賃収入が入ってくる方がよいのではないか」と考えたくなる気持ちもわかります。

　しかし、それをやってしまうと、収入自体が少なくなるので、手残りが少なくなって、資金繰りが苦しくなります。

　さらに、家賃を下げることで、近隣のアパートを所有する大家さんも家賃をさらに値下げしてくる可能性があります。そうなると、家賃の値下げの連鎖が始まって、とめどなくその地域の家賃が下がるという負のスパイラルに陥ってしまいます。

　空室を埋めるという目的だけであれば、家賃を下げるのは１つの方法だと思いますが、キャッシュを増加させることが目的であれば、家賃を下げることは、最終手段です。

（2）設備導入やリフォームを行う

　「駅前に新築マンションが立ち並んでいます。古い設備では太刀打ちできません。今の若い子たちは、IHコンロでないと入居しませんよ」などと不動産会社さんやリフォーム会社さんに言われ、設備を入れ替えたり、高額なリフォームを提案される大家さんは多いと感じます。

　確かに、古い設備がネックで入居に結びつかないということも考えられま

す。新しい設備を導入した方がよいに決まっています。

　しかし、資金繰りに余裕がない大家さんが、それをやってしまうと、ますます資金繰りに追われることになります。

　リフォームをして、入居が付けばよいですが、それにより絶対に空室がなくなるという保証はありません。リフォーム後は、家賃を高くして貸せるかもしれませんが、2年後の家賃はどうなっているかもわかりません。

　それにもかかわらず、1室あたり300～500万円という高額なリフォームを提案されて、しぶしぶ実行している大家さんは多いです。

　家賃の値下げも高額リフォームも「やってはいけない」とは言いません。それが空室対策に繋がって、キャッシュフローが改善した例もあるでしょう。

　しかし、これらの対策をする前に、まずは手残りを減らさないで（収入を下げたり、支出を増やさないで）空室対策する方法はないか探ることが大事だと思います。

03 空室対策は原因を探ることから始まる

空室の原因を探って、その問題点を解消しない限り、空室は埋まりません。

空室対策には、「これをやったら空室がなくなる」というような絶対的な方法はありません。たまに、「この設備をつければ、空室が埋まる」といっている大家さんがいますが、本当にその設備を導入したことが、入居に繋がったのかはわかりません。仮に、その設備がキッカケだとしても、それが永久に続く保証はありません。

今後も空室をなくして、キャッシュを改善するためには、「たまたま」の入居ではダメなのです。もし、また空室が出たら、また入居に繋がる新たな設備を見つけなければならなくなります。これではモグラ叩きのようです。

根本的な問題解決をしないと、金銭的にも精神的にも疲弊してしまうのではないでしょうか。

そこで、私は、空室の原因を探って、そこにアプローチをしていく方法を勧めています。

空室の原因は、次の3つがあります。

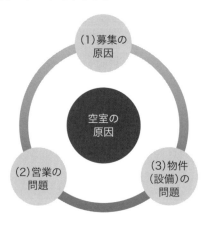

(1) 募集の問題

　これは、きちんと物件の募集公告がされているかです。入居者に情報が届かなければ絶対に空室は埋まりません。

　以下のチェックリストに当てはめてみましょう。

□ アットホーム、スーモ、ホームズなどの情報サイトへ物件情報（築年数、駅からの徒歩時間、構造、設備）が「正確に」掲載されているか？

□ 建物・周辺環境の情報量が十分か？
　写真10枚以上掲載されているか、不鮮明な写真がないか？
　アップデートされているか？

□ 直近の周辺家賃相場を調査しているか？（概ね3か月以内）

□ 敷金・礼金・仲介手数料などの募集条件を入居者の負担にならないように見直したか？

□ ターゲットを決めて、物件情報に記載されているか？

□ 物件のUSP（独自のセールスポイント）が物件情報に記載されているか？

　特に、ターゲットを決めて、お部屋のセールスポイントをキャッチコピーに落とし込むところまでやっていただきたいです。

　空室を埋めるためには、入居者さんから選ばれないといけません。そのためには、差別化をして、アピールする必要があります。

　誰にも好かれる部屋では決まらないのです。特定のターゲットに絞って、何がウリなのかをキャッチコピーという形にして伝えなくてはならないのです。

(2) 営業の問題

　これは、管理会社がする営業ではなく、大家さん自身が営業しているかどうかです。

①　営業するのは誰か

賃貸物件の募集や営業は、大家さんではなく、不動産会社の営業マンが行うことが一般的です。

それは不動産会社でないと賃貸物件検索ポータルサイトに掲載することができないため、お部屋を探している方は、不動産会社に問い合わせをする仕組みになっているからです。

「営業マンがちゃんと営業しないから空室なんだ」と空室が埋まらない原因を不動産会社のせいにする大家さんがいますが、それは違います。

なぜかというと、そもそも営業マンは、営業している物件（大家さん自身の物件）のことをよくわかっていないかもしれません。

営業マンは、管理物件をどのくらいかかえているのでしょうか？何百戸、何千戸かもしれません。そして、さらには毎日多くの空室の物件情報が入ってきます。その中の、特定の物件（ご自身の物件）の魅力をきちんと理解できると思いますか？

オーナーからすると、「お金を払って依頼しているのだから、やってくれなければ困る」という気持ちもあるでしょう。そうはいっても、効率的に売上をあげないといけない不動産会社の立場では難しい現状があります。

自分の物件の魅力を理解してもらうところが、スタートラインなのです。

そのためには、大家さん自身が不動産会社に訪問し、自分の物件の魅力を伝えるという営業をしなければなりません。

企業に勤める営業職は、自社の商品を買ってもらうために、何度も何度も得意先に営業しにいきます。何度も通うことで、親近感や信頼関係が生まれ、商品が売れるのです。

自分の物件の一番の営業マンは誰か、といったら、それは、大家さん以外にはないのです。

②　営業は効果があるのか？

2007年に私は実家の賃貸物件の空室を埋めるために、近所の不動産会社を

回りました。1軒目に入る時にとても緊張したのを覚えています。

「客ではないから追い返されるのではないか」、「邪険に扱われるのではないか」など、そんな不安とともに、思い切って入っていきました。

「どんなお部屋をお探しですか?」と受付の女性が話しかけられ、「大家ですが、空き室があるので紹介してもらいたいと思って…」というと、担当の方を呼んでくれたのでした。そして、担当者はとても丁寧に話を聞いてくれました。あの不安は何だったのだろうと拍子抜けした感覚でした。

そこでいわれたのが「こんないい物件があるのですね」ということでした。

褒められて嬉しいという思いよりも先に、頭をよぎったのは「今まで知られてなかったのか」ということでした。

当時、そのアパートは築20年でした。それは20年同じ場所に建っているということですが、それを20年目にして初めて知られたのです。

他の不動産会社でも似たような反応でした。その後3か月もしないうちに満室になりました。

そうです。空室の原因は「ただ存在を知られていなかっただけ」だったのです。自分で営業して知ってもらう努力をしないといけないのだとわかった瞬間でした。

次のチェックリストに当てはめてみましょう。

☐ 空室がある場合、週に1回以上、不動産会社（仲介会社）の担当者に面談、電話、メールなどで、問い合わせ状況を確認しているか？

☐ 不動産会社（仲介会社）の担当者に、部屋の魅力（キャッチコピー）を伝えているか？

☐ 不動産会社（仲介会社）の担当者に、部屋のターゲットを伝えているか？

☐ 物件周辺以外（ターミナル駅）の不動産会社（仲介会社）に営業はかけているか？

☐ 空室がなくても、毎月20件以上かかさずに、不動産会社（仲介会社）の担当者と連絡を取っているか？

（3）物件の問題

　これは、リフォームしているとか、設備が充実しているかということです。

　空室があると、すぐに物件の問題と思う人は多いと感じます。

　しかし、私はこの問題は最後であると考えます。リフォームしても、設備を最新にしても、それがアピールできていないと絶対に入居に繋がらないからです。それをわからずに、高額なリフォームをするのでは、いくらお金があっても足らなくなってしまいます。

　経営とは、限られた資金の中で収益を上げていかなければなりません。ですから、高額なリフォームをする前にどこか改善点はないかを考えることが先決です。

　実は、部屋の中だけではなく、外観や共用部など、建物の見た目がとても大事になります。ネットで物件を検索することが主流の現在では、特に外観の第一印象が悪ければ、見向きもされないこともあるのです。

　私の経験上、外観に花を置くなどは非常に効果的です。

【改善前のエントランス】

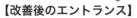

【改善後のエントランス】

次のチェックリストに当てはめてみましょう。

☐	費用対効果の高い設備は検討したか？
☐	２か月以上空室なっている部屋はないか？
☐	内見者用スリッパを置いているか？
☐	ポップやウェルカムレターを設置しているか？
☐	室内は清掃されているか？（１か月以上空室の場合）
☐	最低限のリフォーム（補修）はされているか？
☐	共用部分の清掃は行き届いているか？
☐	共用部分に植栽を置いているか？
☐	空室をモデルルーム仕様にしているか？
☐	家具家電付物件にしているか？
☐	インパクトのあるプチリフォーム（アクセントクロス、派手な色のキッチン、棚など）をしたか？

　これら３つのチェックリストをしてみて、いくつ当てはまったでしょうか。
「全然当てはまらなかった」という方は、安心してください。

　当てはまらなくて、入居状況が悪いのは、当たり前のことです。当てはまっていなければ、むしろ、改善の余地が残されているということです。

　逆に、大部分当てはまっているにもかかわらず、入居状況が悪いのであれば、「もう手を尽くした」と考え、建替えや売却に踏み切ってもよいと思います。

⓪④ 支出削減のために必要なこと

支出削減には、経費の削減と返済額の削減の2つがあります。

（1）経費削減

節税になるからと経費を使いすぎてしまうことはよくあります。

経費を使うとお金がなくなります。節税になる金額以上に、お金が減ってしまいます。極力、経費は削減しないと、お金は残りません。

使いすぎかどうかを判断するために、経費率を見ていきます。

【経費率の計算】

$$\frac{その物件の固定資産税・都市計画税・利息\textbf{以外}の経費}{その物件の年間家賃収入} \times 100$$

（例）固定資産税・都市計画税 30 万円、修繕費 50 万円、利息 40 万円
管理費 34 万円、損害保険料 6 万円、水道光熱費 20 万円
通信費 10 万円、その他経費 100 万円
実際の年間の家賃収入　680 万円

（170 万円[注]／680 万円）×100＝25%

（注）34 万円＋6 万円＋20 万円＋10 万円＋100 万円＝170 万円

経費率 15% 以上なら、改善する余地があると考えます。

下記の項目について検討することで費用が下がる可能性があります。

- ☐ エレベーターメンテナンス費用（1 機 40,000 円以上）
- ☐ 消防設備点検費用（50,000 円以上）
- ☐ 清掃費用（月 1 回 18,000 円以上）
- ☐ ケーブルテレビ費用：→アンテナ設置を検討
- ☐ インターネット費用（NTT）
- ☐ 電気代（都市電力）

(2) 修繕費の削減

　不動産会社さんやリフォーム会社さんから「この部屋には独立洗面台がないので、取り付けましょう」「畳の部屋は流行っていないので、フローリングの部屋にしましょう」などといわれていませんか。

　これでは修繕費を削減することができません。

　この修繕は、「足りないところを埋める」という考え方です。それが悪いというわけではありませんが、それではいくらお金をかけても足りなくなります。

　このような修繕をしてもキリがなくなってしまうのです。修繕費を削減するためには、修繕の考え方を変えないといけません。

【修繕費の削減方法】

今までの修繕		これからの修繕
・足りないところを埋める修繕	➡	・良いところを伸ばす修繕

　つまり、「良いところを伸ばす修繕」という考えに変えるべきなのです。

　誰にも欠点はあります。しかし、何か1つでも魅力的なところがあれば、その人はとても魅力的に映ります。

　部屋も同じです。部屋に足りない部分があってもよいのです。それでも、この部屋に住みたいというポイントがあれば、入居してくれます。

　よいところとはお部屋の「ターゲット」や「キャッチコピー」です。ターゲットやキャッチコピーに響く修繕は積極的に行い、そうではない修繕はしないというように割り切ることです。

　例えば、ターゲットを「男子の学生さん」、キャッチコピーが「コンビニから徒歩30秒」とするのであれば、食事はコンビニ弁当などがメインになるかと思います。

そのため、機能的なキッチンを付ける必要がないという判断になります（もちろんコンビニが近くても、料理はしたい方もいると思いますが、そこはターゲットにしないということです）。

　そのような観点で、やるべきリフォームとやらないリフォームを区分するようにします。そうすることで修繕費は削減できるのです。

(3) 返済削減

　返済額を削減した方がよいのかどうかは、返済比率を見ていきます（計算例は、20頁を参照）。

【返済比率の計算】

$$\frac{その物件の年間の返済額}{その物件の年間家賃収入} \times 100$$

　返済比率が30％未満なら安全といえます。

　しかし、返済比率が50％を超えているなら危険です。これは今危険なのではなく、キャッシュフローが右肩下がりになっていくことを考えると、将来キャッシュフローがマイナスになる可能性があるという意味での危険です。

　マイナスになる前に対策が必要でしょう。返済額を減らすためには、下記の方法があります。

① 金利を下げる

　金融機関から金利引下げを提案してくることは、ほとんどありません。

　現実として、同じ銀行で他の大家さんが、もっと低い金利で借りていることも多々あります。それなのに、「なぜ銀行は金利を下げてくれないのだろう」と思いませんか？

　それは大家さんが、「金利を下げてください！」とお願いしないからです。金利は銀行にとっては、収益源です。わざわざそれをなくすことはしません。

しかし、通常の商売において業者同士の取引であれば、価格交渉は常に行われています。利益の綱引きが行われ、双方に適正な価格に落ち着くのです。

適正な価格にするために、交渉をすることは悪いことではありません。ただ、いうだけならタダのようなものなので、断られたら断られたでよい、程度の気持ちでいる方がよいかもしれません。

金利交渉を行う場合に、いきなり銀行に行って、「金利を下げてくれ」というのでは撃沈するだけです。

金利というのは、借入れの契約（金銭消費貸借契約）で定めた利率です。つまり、お金を借りるにあたって、金利をいくら付けますという約束をしたものです。その約束を変えるということは、余程のことがない限りされません。銀行の損になるからです。そのため、相手にとって損にならないように交渉しなければなりません。

それがわかれば金利交渉ができます。そのためには下記のように思ってもらう必要があります。

- ・　今後融資を継続してくれる
- ・　今後融資を拡大してくれる可能性がある
- ・　約束を守る
- ・　破たんしそうにない
- ・　今後もお付き合いしたいと思う

それには、最低限下記のチェックリストに当てはまらないと厳しいです。

- ☐　現在の金利が、基準金利よりも 0.5％以上高く、2 年以上継続して返済している。
- ☐　他の金融機関で借換えの話に応じてもらえる。
- ☐　税金の滞納、返済の滞納が過去にない。

なお、固定金利の場合は、どんなに交渉しても金利は下がりませんので気

を付けましょう。固定金利とは、金利を固定して銀行の収益を確保する代わりに、市場金利が上がっても下がっても金利を変えないと約束したものです。

② リスケジュール（リスケ）をする

　リスケジュールとは、返済期間を延ばしてもらうことです。

　返済期間を延ばせば、月々の返済額が減ります。利息を下げるよりも、返済期間を延ばしてもらった方が月々の返済額が減ることが多いので、キャッシュフロー改善を考えるのであれば、リスケを優先させた方がよいかもしれません。

　しかし、気をつけなければならないのは、現在借入れをしている金融機関にリスケをお願いすると条件変更となってしまうことです。

　条件変更とは、（当初の約束が守れないため）契約を変更することです。

　金融期間からすると、信用毀損となり、格付けが下がる可能性があります。格付けが下がると、利率が高くなったり、新規融資が受けられなくなる可能性があるのです。

　リスケを考える際は、他の金融機関に借換えするとともに、返済期間を現状よりも長く設定してもらう方がよいです。他の金融期間であれば、新規融資となり、リスケとはならないからです。

　次のチェックリストに該当する場合、別の金融機関で借換えができる可能性があります。

☐　完済までの期間 ＜ 法定耐用年数^(注) － 築年数　であること。

　（注）木造の場合22年、RCの場合47年など、新築の場合の耐用年数。

☐　残債金額 ＜ 物件の担保価値^(注)

　（注）担保価値は金融機関ごとによって異なりますが、下記が目安となります。

　　　・土地：路線価

　　　・建物：再調達価格＝$\dfrac{建築単価×延床面積×（法定耐用年数－築年数）}{法定耐用年数で計算した金額（積算価格）}$

ただし、借換えの場合、以下の費用がかかるため、費用以上のメリットがあるかどうかを判断しなければなりません。

【借換えの場合の費用】

- 融資手数料（金額は金融機関による）
- 収入印紙（融資金額に応じて）
- （根）抵当権設定登記費用
    （登録免許税　債権額×0.4％、司法書士報酬）
- （根）抵当権抹消登記費用
    （登録免許税　土地・建物の数×1,000円、司法書士報酬）
- 一括返済の違約金
    （固定金利を一括返済する場合など既存の金融機関で条件がある場合）

---

③　繰り上げ返済

（一部）繰り上げ返済には、2種類あります。

---

① 返済額を変えずに、返済期間を短くする方法
② 返済期間を変えずに、返済額を低くする方法

　返済額を減らすためには、後者の返済方法をしなければなりません。キャッシュフローに困っている人にとって繰り上げ返済は困難でしょうから、将来繰り上げ返済できるように貯蓄しておく必要があります。

　また、リスケをして返済期間を延ばしてもらった場合には、一時的にキャッシュフローは楽になります。しかし、また年数が経っていくと、キャッシュフローは右肩下がりになっていくので厳しくなっていきます。

　繰り上げ返済できるように、貯蓄していく仕組みをつくっておくべきです。

05 税金を抑える (支出のない節税策)

税金を抑えるためには、支出のない節税策をするべきです。経費を使うなどの支出がある節税策では、お金はなくなります。

キャッシュフロー改善をするなら、支出のない節税策をしていくしかないのです。

(1) 家事関連費の計上

家事関連費とは、プライベートでも使用するし、業務でも使用するような経費です（例：携帯電話代やガソリン代など）。

この場合「業務に必要という部分が明らか」な部分のみが経費計上できる金額になります。

(2) 青色事業専従者給与

同一生計親族に対して給与を支払っても、経費にできないのが原則ですが、例外として、「青色事業専従者」に対して支払う給与は、経費にできます。

下記の要件を満たした場合にのみ適用が可能です。

① 事業的規模であること

② 6か月（もしくは従事可能期間の2分の1）を超えて事業に専ら従事していること

③ 適用をしようとする年の3/15までに税務署に届出すること

④ 届出書に記載されている金額の範囲内で、実際に支払われたこと

⑤ 支払われた金額が労務の対価として相当であること

⑥ 適用しようとする年の3/15（1/16以降新たに設置した場合は2か月以内）までに税務署へ届出をすること

（3）小規模企業共済

　小規模企業共済とは、個人事業主の退職金制度です。掛金として積み立てた金額を将来共済金として受け取れます。掛金は月7万円が限度です（年84万円）。

　その掛金を支払う場合、全額が所得控除になります。年払いも可能ですので、12月に84万円掛金を払って全額所得控除にすることも可能です。

　次のいずれかに該当する方が対象になります。

> ① 　事業的規模、かつ、会社勤めでない方
> ② 　会社（同族法人を含む）の役員である方

（4）ふるさと納税

　ふるさと納税とは、都道府県や市区町村などの自治体に2,000円を超える寄付金を行うことで、2,000円を超え一定限度額までの金額が、所得税・住民税から還付・減額される制度です。

　国などに税金を払うか、自分が選択した自治体に寄付するのかの違いであり、お金が出て行くのには変わりありません。厳密には節税にはなっていませんが、自治体により、寄付金のお礼として特産品などが送られてくるため、人気を集めています。複数の自治体へ寄付できるので、実質2,000円の自己負担で、いくつもの返礼品を受け取ることができます。

　限度額は、住民税のおよそ2割です。今年の所得に基づいて計算される住民税が対象になりますのでご注意ください。

（5）65万円控除

　青色申告者が、事業的規模（おおむね5棟10室以上）で、複式簿記による帳簿をつけることで（会計ソフトへの入力）、55万円の控除が受けられます。さらに、電子申告をすると65万円の控除が受けられます。

　なお、赤字の場合は、控除はありません。65万円未満の黒字の場合は、黒字の範囲内での控除になります。

税金を抑える（法人化）

課税所得が800万円以上であれば、法人化を検討していきます。

法人化とは、賃貸経営を法人経営にすることです。法人化によって何が変わるのかというと、それは「収入の受け皿を変えること」です。

（1）個人を収入の受け皿にしておく場合の問題点

所得税は、超過累進税率という仕組みになっています。

超過累進では、所得が大きくなればなるほど、高い税率で課税されます。ただし、全体に対して、高い税率が課税されるということではなく、一定の金額を超えると、超えた部分にだけ高い税率がかかるというものになります。

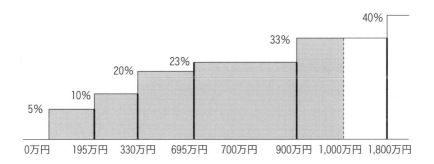

課税所得が1,000万円の場合、1,000万円に33％の高い税率がかかるわけではなく、900万円を超えた100万円に33％の課税、695〜900万円までは23％の課税というように上記の ▨ 部分の合計が所得税額になります。

個人に家賃収入が集まることで、不動産所得が高くなってしまいます。

さらに、サラリーマン大家さんの場合は、給与をもらっていることで、ベースとしての給与所得があり、そこに不動産所得が合算されます。所得税は、給与所得、不動産所得などを合算した全体の所得（総合課税）に税率を

かけていくのです。高い給与収入に引っ張られて、不動産所得にも高い税率が適用されてしまうことになるのです。

これは家賃収入の受け皿が個人になっているからです。

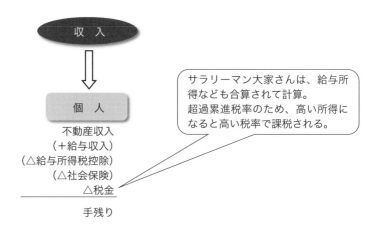

（2）法人を収入の受け皿にするメリット

法人化とは、この収入の全部もしくは一部を法人の受け皿に変えることです。法人に収入の受け皿を変えるとどうなるかというと収入になった先の法人に法人税が課税されます。

法人税等（法人税、法人事業税、法人住民税）の実効税率	所得（利益）800万円以下 ： 約24% 所得（利益）800万円超 ： 約36%
所得税・住民税合算	個人の所得が330万円を超える ： 30% 個人の所得が695万円を超える ： 上記以上

つまり、所得税・住民税の税率よりも法人税等の税率の方が低ければ、節税になるということです。

ただし、法人住民税の均等割（赤字でも課税される税金）や税理士報酬などのコストが増えることになるので注意が必要です。

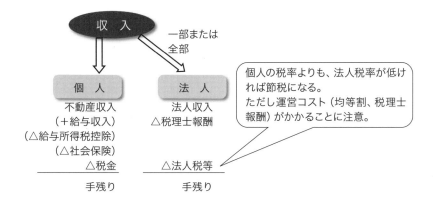

（3）法人を収入の受け皿にするとできること

　法人化すると自分自身に役員報酬を支給することが可能です。また、家族を役員にして役員報酬を支払うことが可能です。

　給与を支給する法人は、経費に計上でき、給与を受け取った個人は、給与所得で課税されます。

　給与所得の場合、給与額に応じた「給与所得控除」（経費とみなしてくれる控除）が使えますので、実際に課税される所得は給与収入額よりも圧縮されます。さらに給与を支払う人数を増やして所得を分散すれば、超過累進税率の低い税率を適用できることから、税金を低く抑えることができます。

　ただし、名ばかりの役員に給与を支払うと、税務署から否認される可能性がありますので、役員としての実態が必要になります。

　給与を払うことで社会保険に加入しなければならなくなる場合があるため、社会保険に加入しなくてもよい方策をとるか、社会保険に加入してもメリットが出る設計にする必要があります。

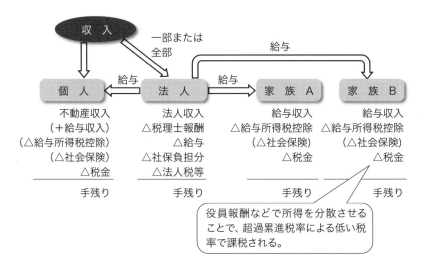

(4) 法人化でメリットが出るかどうかの判断

　個人が受け皿のときと、法人に受け皿を移したときの手残りを比較してメリットが出るかどうかが判断基準になります。

> 法人化のメリット（金額）
> ＝法人化後の個人・法人・家族の手残り合計 － 法人化前の個人の手残り金額

　家族構成や給与設計によって変わってきますが、目安として個人の課税所得で800万円以上からメリットが出ます。あくまで所得（利益＝収入－経費）で判断するのであり、収入金額では判断しません。

(5) 法人化の種類

　法人化には大きく分けて2種類あります。
　物件を所有する方式（所有型）と所有しない方式（非所有型）の2種類で、

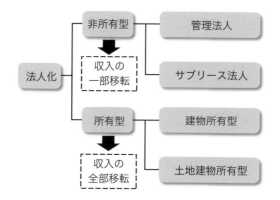

それぞれに個人から法人に移転できる所得が異なります。

　非所有か所有と、賃貸物件を所有するか、所有しないかの違いです。さらに非所有型と所有型も2種類に分けられます。

①　管理法人

　オーナーと入居者さんとの間に管理会社を入れて、家賃の管理や物件の管理をさせ、管理料をオーナーが管理会社へ支払うことになります。

　賃貸契約はオーナーと入居者になります。

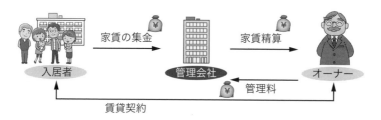

　オーナーが会社に対し管理料を払うことで、個人から法人に所得を移転させることができます。

　管理料収入として不動産管理会社に移転できるのは家賃収入の最大10％

程度が限度です。それ以上は税務署から否認される可能性があります。

　また、10％以下の管理料でも管理業務の実態がないと税務署から否認される可能性があります。

②　サブリース法人

　法人を設立し、その会社がオーナーから賃貸物件を一括借上げし、法人が入居者に賃貸（転貸）することになります。法人は入居者から家賃をもらいます。転貸しているので、法人はオーナーに家賃を支払います。

　入居者が退去しても、法人はオーナーから賃貸していることには変わりはないため、原則、通常どおり、オーナーへ賃料を支払うことになります。そして、法人は空室リスクを負うことになります。

　法人から個人に払う家賃は入居者からもらう家賃より低い金額で設定します。その家賃の差額分が法人の収入となり、個人から法人に所得を移転させることができることになります。

　この場合、借上賃料として不動産オーナーに支払う金額は、満室賃料の80〜85％程度が限度になります。つまり不動産管理会社に移転できる収入は、家賃収入の最大15〜20％程度が限度です。それ以上の収入を法人へ移転すると、税務署から高すぎると指摘を受ける可能性が出てきます。

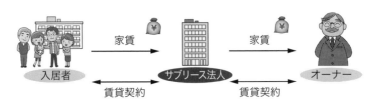

　非所有型法人の場合には、家賃収入の5〜20％程度しか法人に移せないので、節税効果としてはあまり大きくありません。

　家賃収入を全て法人に移転させるためには、名義そのものを法人にしなければいけません。

③ 土地建物所有法人

土地建物全てを法人が所有している形態です。

物件購入当初から法人で所有している場合や、個人で投資していた不動産をある時期に法人に移転した場合などがあります。

④ 建物所有法人

土地建物所有法人の場合には、法人が土地建物を所有するのに対し、建物所有法人は、法人が建物のみ所有することになります。土地は個人の所有のままです。

地主さんが、建物を法人名義で建てたり、個人名義で建物を建てたものを、法人に移転した場合などがあります。

この場合、なぜ土地を移転しないかというと、土地を法人に移転することによって、登記費用、不動産取得税などの多額の諸費用がかかり、また多額の譲渡税が発生することが多いためです。建物が法人所有であれば、収入が全て法人に帰属することになりますので、家賃収入については、土地建物所有法人も建物所有法人も同じになります。

何が異なるかというと、将来の相続税です。

土地建物所有法人の場合、土地建物全てを法人が所有することで、個人は土地建物を所有しなくなります。会社の株式を所有していれば、株式に対して相続税がかかることになります。個人で土地建物を所有しているよりも、会社の株式で所有していた方が、一般的に評価は下がります。

【建物所有法人のイメージ図】

建物所有法人の場合、土地が個人の所有のままなので、土地について相続税がかかることになります。建物は法人のため、今後入ってくる家賃収入分が個人に貯まらず、相続税の課税対象となる財産（現預金）が増えない効果があります。

　将来の相続対策まで考えて、土地を移転させた方がよいかどうかを検討するべきなのです。

(6) 法人化判断フローチャート

　節税以外にも法人化の目的はあります。後述する事業承継や認知症対策などのための目的があれば、節税のメリットが出る課税所得800万円以上でなくても法人経営にすることも勧めています。

　下記の法人化のフローチャートを参考にしてみてください。

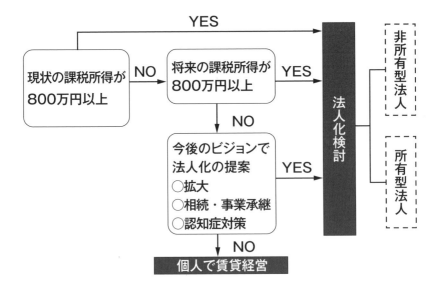

07 大規模修繕計画により修繕費を積み立て

キャッシュフローを最大化できたら、どうしたらよいのでしょうか。せっかく増やしたキャッシュフローでも、無駄遣いをしてしまえば、また資金繰りに窮することになります。

それは将来の賃貸経営に充てるべきでしょう。

今はよくても、将来、大規模修繕費がかかってきます。先の修繕費を見込んで、キャッシュが残るうちにしっかりと貯めておきましょう。

というのも大規模修繕は、高額になります。

建築費が高騰しているのもありますが、次の理由で高くなる可能性があるのです。

（1）大規模修繕費が高くなる理由

① メンテナンスや修繕をせずに放置していた

20年くらい修繕をせずに放置しているオーナーは意外に多いと思います。私の実家の賃貸物件もそうでした。

外階段の鉄部が錆びてしまって、もう少し放置していたら、崩れてしまう危険性がありました。ここまでくると上から塗装をしても手遅れです。階段ごと取り替えなければならなくなります。

小まめに塗装をしていれば長持ちするはずが、少しの修繕費をケチってしまい、最終的に大きな出費に繋がってしまうということです。

② 時期をコントロールできていない

大規模修繕をするときは、突発的であることが多いです。

「雨漏りが発生した」「タイルが剥がれ落ちてきた」などなど、必要に迫られてやることになるのです。

すると時期に関係なく実施することになります。

リフォーム会社の繁忙期に短期間でやろうとすると、金額が高くなります。

大規模修繕の費用が上がってしまう要因は、人工と呼ばれる職人の人件費です。建設業界では職人の人手不足で、建築費が高騰しています。

なるべく職人の閑散期に、長目の工期で、実施するのがコストを抑えられることに繋がるのです。

③ 修繕箇所をコントロールできていない

大規模修繕費の金額を左右するのは、足場代だと思います。

建物の規模にもよりますが、数百万円程度かかります。

たとえば、今年、外壁塗装するために足場を組んで実施し、足場を解体し、来年、屋上防水工事のためにまた足場を組んで実施する場合には、2回足場を組むことになり、足場代が倍かかることになります。

外壁塗装する段階で屋上防水工事も近い将来実施することが見込まれるのであれば、一緒にやった方が効率的ですし、コストが抑えられます。

(2) コストを抑えるための大規模修繕の考え方

いつどのような修繕をするのかを考えずに、行き当たりばったりに行うとコスト高になってしまいます。これは修繕する必要があってから対応しようとする考え方をしているからです。

これを事後保全といいます。

これではいつまで経っても費用は抑えられません。

定期的なメンテナンスから、いつどのような修繕をした方がよいのか予測をし、計画を立てて大規模修繕を実施することによりコストを抑えられることになります。

この考え方を予防保全といいます。

この予防保全をしているオーナーはほとんど見たことがありません。というのも、修繕計画を立てるのは、かなり専門的な知識が必要ですので、リ

フォーム会社に協力を得なければなりません。

　分譲マンションでは必須な長期修繕計画をオーナーも作る必要があるのではないでしょうか。

（3）長期修繕計画を立てていないのは大家さんだけ？

　長期修繕計画を立てる目的には、修繕時期と修繕箇所を把握すること以外に、修繕費用を計画的に貯めておくことがあります。

　修繕積立金として、毎月、毎年少しずつ貯めていくのです。

　概算でも大規模修繕の予算がわかれば、単純に均等割して、年間にいくらずつ貯めればいいのかが計算することが可能です。

　これをきちんと計画立てている大家さんは少ないです。

　しかし、これはとても危険なことだと思います。

　分譲マンションでも、管理組合によって長期修繕計画が作られて、分譲所有者から毎月修繕積立金を徴収しています。また、不動産ファンド、J–REATなどの投資を目的とした不動産でも修繕積立金を積み立てています。

　つまり、事業として当たり前として考慮するべき積立金を、大家さんだけが積み立てていないのです。

（4）長期修繕計画の立て方

　では、どのように長期修繕計画を作ればよいのでしょうか。

　一級建築士、一級建築施工管理技士や住宅診断士などの専門家に依頼すれば、正確なものを作成できます。しかし、規模によっては、調査費用だけでも相当な金額になったりします。

　費用を安くあげたいのであれば、管理会社やリフォーム業者に、ストレートに聞いてみることがよいでしょう。

　そうすれば、「防水は5年後かな、いくらくらいだよ」「外壁は10年後で、いくらくらい」と金額を提示してくれます。

　ただし、新築時や修繕時の施工の質、陽当たりの程度、通気、風圧、地盤

などにより、箇所ごと、また、部分ごとに、劣化状況の程度が異なります。また、最近の仕様資材の材質は、品質の改良により、耐用年数が長くなっているものがあります。

　箇所ごとの劣化状況の程度差は、さらに広がってくると思われます。

　そうすると、やはり専門家に聞かないと正確にはわかりません。

　ここでは、一応、目安となる修繕積立金の概算額をお伝えします。

　一般的な数値として、建築コストの0.5～1.0%前後を大規模修繕として積み立てる目安にすることが多いです。

　まずは、概算の金額でよいと思います。1,000万円なのか、2,000万円なのか、目標値がわかれば、積立額が現実的に捻出できるのか、できないのかイメージできます。

　多目に見積もるくらいの方がよいといえます。

　実際に大規模修繕を行う際には相見積もりを取るので、それによって概算より安くなる可能性も充分に考えられます。

【長期修繕計画イメージ図】

大規模修繕			耐用年数の延長（年）	費用円/m²	円/戸	延床m²	戸数	費用（円）	修繕要（年後）
項目									
a. 外部仕上外装		外壁・屋上・鉄部・バルコニー・基礎モルタル等	15	20,000		375		7,500,000	10
b. 設備	給湯器	故障等の際に更新	12		100,000		15	1,500,000	2
c. 設備	エアコン	故障・空室等の際に更新	18		100,000		15	1,500,000	8
d. 設備	管路交換	故障・空室等の際に更新	30		300,000		15	4,500,000	5
e. 耐震補強		※個別相談							
								15,000,000	

【建替え実行フローチャート】

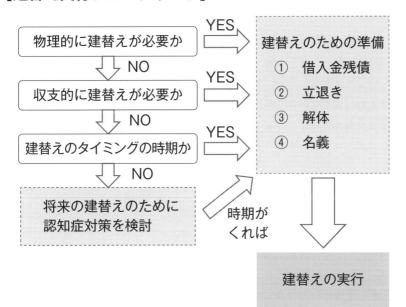

物理的に建替えが必要か → YES → 建替えのための準備
↓ NO
① 借入金残債
収支的に建替えが必要か → YES → ② 立退き
↓ NO
③ 解体
建替えのタイミングの時期か → YES → ④ 名義
↓ NO
将来の建替えのために認知症対策を検討 — 時期がくれば → 建替えのための準備

建替えの実行

物理的に建替えが必要か

　「アパートやマンションは築何年になったら建て替える必要があるのか？」
このギモンは大家さんにとっては永遠のテーマのような気がします。

　日本はスクラップアンドビルドの文化だといわれます。築30〜40年くら
いで解体して、新しく建て替えることが行われてきました。日本人が新築を
好む傾向というものがあるかもしれません。また法定耐用年数が構造によっ
て（19〜47年程度）で設定されているため、その年数が1つの基準とされて
いることも要因です。

　しかし、文化財に指定されている建物は築100年以上経っているものがあ
りますし、海外では築100年くらいの建物が一般に流通しています。建物と
してまだ使用することができるのであれば、長持ちさせて、家賃収入が入っ
てくるようにしたいと思うのは当然のことでしょう。

　では、どのタイミングが建替え時期なのでしょうか。

　詳しくは建築の専門家やハウスメーカーに確認するべきだと思いますが、
一般的には、基礎や躯体に大きな欠陥があると、建物が崩れるおそれがある
ため、建て替えた方がよいといわれています。例えば、躯体や基礎に大きな
亀裂が入っていたり、建物が傾いてきてしまっているような場合が挙げられ
ます。

　しかし、このような場合でもすぐに建て替えなければならないわけではあ
りません。

　時代とともに建築の技術は進化していますので建て替えなくても補修でき
る方法があるかもしれません。

　補修できるのであれば、建替えをした場合の金額と補修した場合の金額を
比較して判断すればよいでしょう。建物診断士やホームインスペクターとい
う資格があるので、その資格を持った専門家に相談してみるのもお勧めです。

02 収支的に建替えが必要か

(1) 大規模修繕費との比較検討

　古くなった建物を大規模修繕で直していくことにも限界はきます。

　どこかのタイミングで大規模修繕を繰り返しするよりも、建て替えた方が費用を抑えられるときがあります。

　今は、500万円の修繕で済むけれども、10年以内には、2,000万円くらいの修繕が必要になるなど、今後かかるであろう修繕費を積み上げていくことで、建て替えた場合と大差ないことになれば、建て替えてしまうという判断ができます。

(2) 築年数との比較検討

　築年数は入居者が部屋を選ぶ大きな基準となっています。

　お部屋探しのポータルサイトでは、築年数での絞り込みが可能になっています。築20年以下、築10年以下にチェックを入れれば、それよりも古い建物が入居者の目に触れることはありません。どれだけ見た目がきれいでも、築年数だけで弾かれてしまうのが現状です。

　修繕をして、新築建物と見た目を同じくしたところで、築年数は変わりません。空室の原因が築年数にあるのであれば、根本の解決をするには建て替えて、建物を新しくするしかありません。

　また、最近は、建物の地震に対する安全性が、入居の判断として重要視されています。

　1981年6月1日以降に建築確認を受けた建物については、新耐震基準が適用され、それ以前の建物は旧耐震基準と区別されています（6頁参照）。

　旧耐震基準だから地震に弱いというわけではありませんが、入居の選定として旧耐震基準の建物が嫌厭されることもありえるのです。

新築建物にすると地震に強いというイメージを与えることができるのです。

築年数で入居付けが解決するのであれば、建替えを視野に入れるべきと考えます。

(3) 間取りの問題

現状の間取り（部屋の大きさ）が空室のネックになっていると、空室を埋めるのは難しくなります。

第1章でも触れましたが、バブル期に建築された賃貸物件は、賃貸収入を増やすために、1部屋あたりの面積を小さくして、戸数を増やす造りになっていることが多かったのですが、需要が多かったので、問題なく部屋は埋まっていました。

しかし、近年は供給の方が多くなってきたこともあり、狭すぎる部屋は嫌われる傾向にあります。簡単に間取りが変更できる造りであれば、問題ないのですが、鉄筋コンクリート造りなど強固な建造物では、間取りの変更が難しいです。

地域や立地によっては、広い間取りでないと入居が付かないケースもあると思います。その場合には、ニーズにあった間取りの建物に建て替えてしまうという選択肢もありです。

地域や立地のニーズにあった間取りにでなければ、入居してもらえないのであれば、建て替えるということも検討した方がよいと考えます。

第3章の空室対策のチェックリストを全て実行しても空室が埋まらない場合は、築年数や間取りの問題という可能性があります。

建て替えることによって空室が解消されて、収支が改善されるかどうかがポイントになります。事業計画を立てて数字で判断するようにしましょう。

03 借入れが残っている場合の問題

　建替えには多額の費用がかかります。

　後述する立退料や解体費用で何千万円の支出が想定されます。その上で建物を建築することになるため、更地の状態から新たに建築するよりも、多額の資金が必要になります。

　当然、今までの賃貸経営の借入れがない状態から、金融機関の融資を受けて建て替えることが理想でしょう。しかし、当初に建てたときの借入れを返済途中で借入期間を延ばしたり、大規模修繕のために追加で借入れをおこしていると、まだ返済しきれていないことがよくあります。

　このような場合には、建替えはできないのでしょうか？

　方法はあります。新たな借入れをする際に、旧借入れを含めて、借り換える方法です。建物を建て替えると同時に、旧借入れをプラスして、新たな借入れをするということです。

　それには、当然、返済額が大きくなるので、建て替えた後の家賃収入で返済できるかどうかがカギになってきます。

　事業計画を綿密に作成して、無理なく返済できるかどうかを判断するようにしてください。

第4章　建て替える場合に検討するべきこと

立退きの問題

建て替えようとするアパート・マンションに入居者が残っている場合、その入居者に退去してもらわないと、建替えができません。

賃貸借契約の途中解約や更新しない旨の申入れは、借地借家法で、家主側から行う場合には、正当理由がないとできないことになっています。

老朽化により建て替えるというのは、正当事由になるのでしょうか。

過去何度も争いになっており、裁判事例が多数あります。老朽化による建替えだけでは、正当事由と認められるケースは少ないのが現状です。

しかし、建替えによる正当事由を認めないというわけではありません。立退料を支払うことで（補完事由）、正当事由に該当しているケースは多数あります。

(1) 立退料を支払って退去してもらう

立退料をいくら払えばよいかは、ケースバイケースといわざるを得ません。

相手（入居者）が納得すればよいことになり、交渉次第となります。相場らしい相場というものもありません。

一般的には、引越を伴うものになりますので、引越に係る費用、引越先の礼金・敷金などの一時金、差額賃料などを勘案して金額を決めていきます。家賃の3か月程度済む場合もあれば、家賃の1年分払わないといけないこともあります。

具体的な金額は、不動産会社や弁護士などと相談して決めていくことになります。

なお、貸店舗の場合は、営業補償を考慮する必要があります。住居用の部屋の立退料よりも高額になることが一般的です。

（2）定期借家契約に切り替える

―どうしても立退料を払いたくない場合の選択肢

　入居者の利便性や安全性から建て替えようとしているのに、立退料を払うことに納得がいかない大家さんもいることでしょう。

　もし、建替えまでに時間に余裕があるのであれば、定期借家契約に切り替えるという選択肢があります。

　定期借家権とは、更新制度のない借家権です。

　普通借家権は、更新を前提とした契約なので、大家さんから更新拒絶を申し出るためには、正当事由が必要になります。

　一方、定期借家契約は期間の満了と同時に終了するため、正当事由なく、立退料も当然なく退去してもらえることになります。

　ただし、既存の入居者と締結している普通借家契約を定期借家契約に切り替える変更の合意は無効となります。借主に不利な契約をさせることは借地借家法では許されていないのです（借地借家法第30条）。

　なお、既存の入居者が、2000年3月1日（定期借家権に関する法律の施行日）以後に賃貸借契約をしている場合には、普通借家契約を合意解約し、普通借家契約が終了した後に、新たに定期借家契約を締結することが可能とされています。

　入居者を説得して普通借家契約を合意解約させることはなかなか難しいと思いますので、建替えの数年前から入居者の入れ替えの都度、新たな入居者と定期借家契約での締結をすることが現実的です。

　何年後に建て替えるから、どの時点から、新しい入居者とは定期借家契約にするかという計画が必要になります。

取り壊し費用の問題

　立退きが完了したら、建物を取り壊さなければなりません。

　ある程度の単価の相場はあるものの、地域や立地、構造などによって金額が異なります。木造よりも鉄骨造りや鉄筋コンクリート造りの方が一般的には高額になります。

　これらの費用を含めて、事業として採算が合うのかどうかを見極めなければなりません。一社だけではなく、複数の会社から見積もりや内容を比較してみる必要があります。

【解体費用の相場】

構造	m² 当たりの単価
木造	6,000〜16,000 円
鉄骨造	10,000〜22,000 円
鉄筋コンクリート造	15,000〜25,000 円

（注）建物の構造以外でも、立地や劣化度合い、アスベスト処理
　　　などの特殊事情によって金額が変わることがあります。

建替えのタイミング

　もし、近々に建て替える必要がないのであれば、どのタイミングで建て替えるかの計画を立てておいた方がよいでしょう。

　その判断基準は、3つあります。

（1）お金の問題

　建替えには非常に多くのお金がかかります。お金に心配がない状態で建て替えをしたいものです。

　その判断は、何となくではなく、数値でしましょう。例えば、次のような判断基準があります。

---

① 既存の賃貸物件の借入金の返済が終わったタイミング

② 大きな支出となる大規模修繕が必要となるタイミング

③ 建替えの諸費用（立退料や解体費用など）が自己資金で出せるまで貯まったタイミング

　上記のためには、しっかりと事業計画を作成して、数値を見る必要があります。

（単位：千円）

	経過年数	1	2	3	4	5	6	7	8	9	10
所得計算	家賃収入	20,000	20,000	20,000	20,000	20,000	20,000	20,000	20,000	20,000	20,000
	空室損失	600	600	600	1,000	1,000	1,000	1,000	1,000	1,000	1,000
	NET家賃収入	19,400	19,400	19,400	19,000	19,000	19,000	19,000	19,000	19,000	19,000
	租税公課	2,000	2,000	2,000	2,000	2,000	2,000	2,000	2,000	2,000	2,000
	支払利息	5,965	5,855	5,752	5,647	5,537	5,425	5,309	5,189	5,066	4,939
	減価償却（建物）	3,080	3,080	3,080	3,080	3,080	3,080	3,080	3,080	3,080	3,080
	減価償却（附属設備）	4,020	4,020	4,020	4,020	4,020	4,020	4,020	4,020	4,020	4,020
	修繕費その他	0	400	400	600	600	600	600	600	600	600
	大規模修繕費										5,000
	諸経費	1,000	1,000	1,000	1,000	1,000	1,000	1,000	1,000	1,000	1,000
	青給特別控除	0	0	0	650	650	650	650	650	650	0
	不動産所得	3,335	3,045	3,148	2,003	2,113	2,225	2,341	2,461	2,584	-1,639
	他の所得	6,000	6,000	6,000	6,000	6,000	6,000	6,000	6,000	6,000	6,000
	所得控除	2,000	2,000	2,000	2,000	2,000	2,000	2,000	2,000	2,000	2,000
	課税所得	7,335	7,045	7,148	6,003	6,113	6,225	6,341	6,461	6,584	2,361
キャッシュフロー計算	収入	19,400	19,400	19,400	19,000	19,000	19,000	19,000	19,000	19,000	19,000
	租税公課	2,000	2,000	2,000	2,000	2,000	2,000	2,000	2,000	2,000	2,000
	借入返済（元本+利息）	9,236	9,236	9,236	9,236	9,236	9,236	9,236	9,236	9,236	9,236
	修繕費	0	400	400	600	600	600	600	600	600	600
	諸経費	1,000	1,000	1,000	1,000	1,000	1,000	1,000	1,000	1,000	1,000
	税金（所得税、住民税）	1,807	1,709	1,744	1,390	1,424	1,458	1,493	1,529	1,567	0
	他の所得金額	772	772	772	772	772	772	772	772	772	772
	大規模修繕積立金	555	555	555	555	555	555	555	555	555	600
	手残り	5,574	5,272	5,237	4,991	4,957	4,923	4,888	4,852	4,814	6,336
	手残り累計	5,574	10,846	16,083	21,074	26,031	30,954	35,842	40,694	45,508	51,844

11	12	13	14	15	16	17	18	19	20
19,800	19,602	19,405	19,211	19,019	18,829	18,641	18,454	18,270	18,087
1,980	1,960	1,941	1,921	1,902	2,824	2,796	2,768	2,741	2,713
17,820	17,642	17,465	17,290	17,117	16,005	15,845	15,686	15,530	15,374
2,000	2,000	2,000	2,000	2,000	2,000	2,000	2,000	2,000	2,000
4,809	4,674	4,535	4,392	4,245	4,083	3,937	3,776	3,609	3,438
3,080	3,080	3,080	3,080	3,080	3,080	3,080	3,080	3,080	3,080
4,020	4,020	4,020	4,020	3,720					
990	980	970	961	951	1,506	1,491	1,476	1,462	1,447
									6,000
1,584	1,568	1,552	1,537	1,522	1,506	1,491	1,476	1,462	1,447
650	650	650	650	650	650	650	650	650	0
687	669	656	660	950	3,169	3,196	3,228	3,267	-2,088
1,500	1,500	1,500	1,500	1,500	1,500	1,500	1,500	1,500	1,500
2,000	2,000	2,000	2,000	2,000	2,000	2,000	2,000	2,000	782
187	169	156	150	450	2,669	2,696	2,728	2,767	-1,320
17,820	17,642	17,465	17,290	17,117	16,005	15,845	15,696	15,530	15,374
2,000	2,000	2,000	2,000	2,000	2,000	2,000	2,000	2,000	2,000
9,236	9,236	9,236	9,236	9,236	9,236	9,236	9,236	9,236	9,236
990	980	970	961	951	1,506	1,491	1,476	1,462	1,447
1,584	1,568	1,552	1,537	1,522	1,506	1,491	1,476	1,462	1,447
0	0	0	23	68	440	446	452	460	0
0	0	0	0	0	0	0	0	0	0
600	600	600	600	600	600	600	600	600	700
3,410	3,258	3,106	2,934	2,741	716	581	445	310	544
55,254	58,512	61,618	64,552	67,293	68,009	68,590	69,035	69,345	69,889

大規模修繕をするか、溜まった資金で建替えするか

（2）相続税の問題

　建替えには非常に長い時間がかかる可能性があります。この間にご自身に相続が発生したらどうなってしまうのでしょうか。

計画立案 ⇒ 立退き交渉 ⇒ 取り壊し ⇒ 建築 ⇒ 完成 ⇒ 賃貸募集

①　立退き中に相続が発生した場合

　建物を賃貸することによって、土地と建物の相続税評価額は下がることになります。

　評価額が下がるのは、賃貸をしていることで、自分が自由に使えないという制限があるからです。賃貸していない場合、つまり空室がある場合にはこの減額が使えないときがあります。

　空室がある場合には、賃貸割合というものを考慮していきます。

　賃貸割合とは、建物全体のうち、賃貸している部分の割合で、次の算式で計算します。

$$賃貸割合 = \frac{\text{Aのうち課税期間において賃貸されている各独立部分の床面積の合計}}{\text{当該家屋の各独立部分の床面積合計（A）}}$$

　立退き中に相続が発生するということは、立退きが済んでいるところと、立退きがまだ済んでいなくて入居中のところがあることになります。

　例えば、全体の部屋数が10室で、立退きが済んでいる部屋（空室）が5室あるときは、各部屋が同じ面積の場合、考え方としては、賃貸割合は10分の5になるということです。

　この賃貸割合を、各評価を計算する際にかけることになります。

> **【家屋を賃貸している場合の家屋の評価】**
>
> 貸家の評価 = 家屋の評価 ×（1 － 借家権割合 × 賃貸割合）
>
> **【土地の上の家屋を賃貸している場合】**
>
> 貸家建付地の評価 = 土地の評価額 ×（1 － 借地権割合 × 借家権割合 × 賃貸割合）

　この賃貸割合をかけることによって、減額できる部分が賃貸割合部分のみに制限されてしまうことになります。この場合、空室になっている部屋に係る土地については、賃貸用の小規模宅地の減額（50%減額、200m^{2}まで（第7章09参照））が適用できません。

　なお、一時的な空室の場合には、賃貸の募集を継続しているなどの要件を満たしていれば、相続時時点でも賃貸されているものとして、賃貸割合を計算できる場合がありますが、立退きの場合には、募集継続することは考えられないため、完全な空室部分と判断されてしまいます。

　つまり、相続税が上がってしまうのです。

②　建替え中に相続が発生した場合

　立退きや解体が終わって、建築に着手したけれど、完成前に相続が発生した場合の相続税はどうなってしまうのでしょうか。

　こちらについては、土地建物の評価減の2つの裁決事例があります。

> **【平成7年11月14日の裁決】**
>
> 　貸家建付地とは原則として（1）賃貸人等の所有する完成した建物が現実に存在していること、（2）賃借人がその建物の引渡しを受けて現実に入居していること、あるいは、契約上の賃貸借開始期日が到来していること（3）通常の賃料に相当する金銭の授受があること、あるいは、その権利義務が発生していること等の要件をすべて具備する建物の敷地をいうものと解することができる。

原則は、建物が完成して賃貸していないと、何も減額がない自用地評価で評価することになります。

　例えば、高い立退料を払うのではなく、引越代や仮住まいの礼金などを負担して、建替え期間中だけ別の住まいに居住してもらい、新アパートができた場合に、引き続きその入居者に賃貸することにしておけば、建替え中に相続があったとしても貸家建付地評価が適用できることになります。

　また、実際の入居者が入れ替わる場合でも、建て替える前の建物について、同族法人にサブリース契約などをして、新しく完成する建物についても、同じくサブリース契約をすることで、旧建物の賃借人が新建物に入居することになるため、建替え中に相続があったとしても貸家建付地評価が適用できる可能性があります。

　ただし、すでに立退きが済んでしまっている場合や、建替えを見込んで、相続税を下げるために、同族会社を設立してサブリース契約をした場合には、租税回避行為として、貸家建付地評価が否認される危険性があります。

　なお、建築途中の家屋の場合には、固定資産税の評価額が付けられていません。建物の固定資産税評価額は建築費の40〜60％程度で設定されます。賃貸すると、さらに30％減額されます。

　そこで、建築途中の家屋の価額は、その家屋の費用現価（相続時までに支払った建築費）の70％に相当する金額により評価します。

> 建築途中の家屋の評価額＝費用現価の額×70%

　この算式における「費用現価の額」とは、課税時期（相続の場合は被相続人の死亡の日、贈与の場合は贈与により財産を取得した日）までに建物に投下された建築費用の額を課税時期の価額に引き直した額の合計額のことをいいます。

　つまり、相続税が上がってしまうことになります。

　なお、建替え中に相続が発生してしまった場合の小規模宅地の減額（200m² まで、50％減額）は、建物等に係る事業の準備行為の状況から見て当該建物等を速やかにその事業の用に供することが確実であったと認められるときは、継続的に賃貸しているものと取り扱われることになっています（租税特別措置法 69 条の 4-5）。

　相続前までに、建替えが完成して、賃貸をするところまでいかないと、相続税が上がってしまうのです。相続ギリギリになってから建替えを考えるのは大変危険といわざるを得ないのです。

（3）気力の問題

　建替えを行うには、設計の打ち合わせ、近隣対応、立退きなど、かなりの気力と体力が必要になります。

　全てを業者にお任せするという方法もありますが、事業内容をしっかり理解した上で依頼しないと、意思疎通ができずに失敗する可能性があります。

　ある程度元気なうちに建て替えるか、事業を承継してくれるお子さんが積極的にやってくれるうちに建て替えた方がよいという判断もできます。

07 認知症対策

（1）認知症になったら

　昨今、相続税よりも深刻な問題とされているのが認知症の問題です。

　認知症になると、建替えやその後の賃貸経営はどうなるのでしょうか？

　賃貸契約・更新契約の締結、家賃交渉、リフォーム契約、売買契約、老人ホームへの入居などの契約行為には、意思能力が必要です。認知症となり、意思能力が不十分と判断されると、その後にする契約は無効になります。

① 請負契約をこれからしようというときに認知症になった場合

　そもそも建替えができなくなります。

② 請負契約をした後に認知症になった場合

　融資のための借入れができなくなる可能性があります。融資ができなければ、建築の代金を支払うことができなくなり、結局、建替えもできないことになってしまいます。

③ 建替え後に認知症になった場合

　その後の賃貸経営が困難になります。

　部屋の修繕、大規模修繕などの請負契約、預金の引き出し、定期預金の解約などの金融機関との取引、アパートのクレーム対応、滞納家賃の督促など、本人または権限がある代理人以外ができないものがあります。

　これらができなくなると、せっかく新しく建て替えたとしても、賃貸経営自体が成り立たなくなってしまいます。

（2）成年後見の落とし穴

　認知症になった場合に、考えられるのは成年後見制度です。

　成年後見とは、認知症などにより判断能力が不十分になった人（成年被後見人）に代わり、成年後見人が財産管理（財産に関する契約や手続）や身上監護（生活・医療・介護などの契約や手続）を行う制度です。

　家庭裁判所が専任する後見人が、成年被後見人の代わりに賃貸経営をすることになります。親族が後見人になってくれればよいのですが、弁護士や司法書士が後見人になることもあります。その後見人が、今までやってきた賃貸経営のやり方、想いを汲んで、同じように経営してくれるとは限りません。

　さらに、成年後見は、成年被後見人の維持管理が目的のため、財産を守る行為しか基本的にはできません。

　したがって、相続対策としての生前贈与は当然ながら、土地活用なども原則としてできないことになります。裁判所のパンフレットにも「成年後見人が本人の財産を投機的に運用することや，自らのために使用すること，親族などに贈与・貸付けをすることなどは，原則として認められません」と明記してあります。

　これは、成年後見という制度が、被後見人の財産を守ることを第一と考えているからです。被後見人が意思能力のないまま契約をして、財産を失ってしまわないように契約を代理、監督するという制度なのです。

　賃貸物件の建替えをするためには、家庭裁判所の許可が必要になります。必要性がないと判断されれば、許可がおりないという可能性があります。

（3）認知症対策

　認知症対策には次の方法があります。

　いずれも認知症になる前に準備をしておかなければなりません。認知症になった後では何の対策もできないことは頭に入れておくべきことです。

　人がいつ認知症になるかはわかりません。いつ認知症になってもよいように事前の準備が必要です。

第4章　建て替える場合に検討するべきこと

①　任意後見制度

　任意後見制度とは、まだ健常な状態の段階で、自分が決めた財産管理など
の手続きや契約などについて、自ら信頼し選んだ人に任意後見人になっても
らうことを定めた契約を締結し、実際に判断能力が低下した後に、その効力
が発生する制度です。

　任意後見制度を、認知症になる前から利用すれば、財産管理をお願いでき
る人を自分で選定でき、また何をお願いするのかを自分で決めることが可能
になります。

【デメリット】

　任意後見契約の効力が発動すると、任意後見監督人が選任されます。

　任意後見監督人は、定期的に任意後見人の職務をチェックし、家庭裁判所
に報告します。任意後見監督人への報酬も発生します。

　任意後見契約で定めた内容が全てできるとは限りませんので、不自由さは
残ってしまいます。

　家庭裁判所の管理下に置かれるという意味では法定後見と同じともいえま
す。

②　民事信託

　信託とは、「信じて預ける」契約行為です。

　自分（委託者）の財産を誰か（受託者）に預け運用します。その運用から
得た利益を得ることができる人（受益者）を指定し、受託者は受益者に利益
を渡します。

　登場人物は委託者、受託者、受益者ですが、委託者＝受益者でもかまいま
せんし、委託者＝受託者でもかまいません。

　信託を営業として引き受けるのは、信託銀行などでなければないのですが、
営業として引き受けるのでなければ、信託業の免許や登録は必要なく、同族
法人でも家族でも引き受けられます。

家族で引き受けるような場合は「家族信託」といわれることもあります。

受託者は、信託行為によって定められた信託の目的に従って、信託財産を管理・処分していきます。認知症になった後でも、信託契約に沿って、賃貸経営を委託することが可能になります。

【デメリット】

基本的には、信託契約をすることで節税にはなりません。

特に、賃貸物件の所得がマイナスになった場合、通常は、他の所得と損益通算をして、全体の所得を下げて税金を低くすることができますが、信託した賃貸物件の所得がマイナスになったときには、この不動産所得の損失はなかったものとされ、税金が高くなってしまうことが注意点です。

また、信託契約を作成するために、高度な専門知識が必要となり、専門家に頼むことが一般的です。財産全てを信託しようとすると、契約内容が複雑となり、専門家に依頼する報酬も高額になる傾向にあります。

③　生前贈与

賃貸物件を生前に、相続人に贈与をすることで、賃貸経営を自分から切り離すことができます。

多額の財産を贈与すると、贈与税が高額になってしまいます。

相続時精算課税制度（2,500万円まで贈与税がかからず、相続時に相続税の課税対象となる制度）の利用も検討しましょう。土地まで贈与すると、2,500万円の範囲を超えることがあります（2,500万円を超えた部分の金額に20％の贈与税が課税されます）。

建物だけの贈与をしてもよいかもしれません。

【デメリット】

相続時精算課税制度を適用すると、その贈与者からの贈与について今後110万円の非課税枠を使った暦年贈与が適用できなくなってしまいます。

相続税がかからない、もしくは少額のため、相続税対策が必要ない方にしかおすすめできない方法といえます。

④　法人化

法人を設立して、法人に賃貸物件をその法人に移転することにより、賃貸経営を自分から切り離すことができます（第3章06で紹介した節税にも利用ができます）。

相続人がまだ未熟である場合、自分自身が代表者となって経営をすればよく、認知症のリスクが高くなる年齢に近づくころに、相続人を代表者に変更するなど、徐々に賃貸経営を任せていくこともできます。

【デメリット】

賃貸物件の名義を法人に変更するために、売買を行うことが一般的です。売買することで、移転の登録免許税、不動産取得税がかかります。

また、土地を法人に売却する場合には、時価で売却しなければならないことから、多額の譲渡税がかかることがあります。

さらに借入れがある場合は、法人での新たな借入れが必要となって、担保設定のための登録免許税などの初期費用がかかります。

また、法人税の申告など税理士へ依頼する場合のコストも考慮する必要があります。

⑤　建物法人化＋土地信託の組み合わせ

民事信託は自由度が高いものの、節税に使えず、専門家報酬も高くなります。また、法人化は節税に使えますが、土地を法人に移転することで多額の譲渡税がかかってしまいます。

そのどちらものいいとこ取りをする方法があります。

まず、建物のみを法人に売買し、建物のみ法人名義にします。建物の名義が法人であれば、賃貸経営を法人で行うことができます。

しかし、土地は個人のままとなります。

　通常の賃貸経営は、土地所有者に何かをしてもらうことはありませんが、大規模修繕や建替えをしようと思った場合に借入れで資金を調達するとき、金融機関から土地を担保に提供することが条件といわれることが多々あります。

　土地所有者が認知症になってしまうと、土地を担保に提供できず、借入れができない状況に陥ってしまいます。そこで土地については、別途、民事信託を利用し、土地を担保提供し、借入れができる状況にしておくことができます。

　土地だけの信託であれば、契約が複雑にならず、専門家への報酬も抑えられる可能性があります。

誰名義で建築するか

　いざ建築しようとする場合に、個人名義でよいかどうかは、よく検討する必要があります。誰名義で建築するかは今後の相続対策を考える上で重要だからです。

　選択肢は（1）本人（親）名義、（2）子名義、（3）同族法人名義の3つがあります。それぞれ相続税の軽減を目的にするのか、所得税の軽減を目的にするのか、相続までの期間がどのくらいあるのか、によって判断が異なります。また、誰名義がよいかは、タイミングや規模によって選択しなければなりません。

（1）本人（親）名義

　すぐに相続税を下げる必要がある場合に有効であるため、相続までの期間が比較的短い場合に適するといえます。

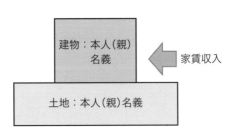

【メリット】

・　土地の評価が貸家建付地評価となって、約20％程度評価が下がる。

・　建物の評価が固定資産税評価額となり、さらに賃貸することにより30％評価が下がる。

・　相続人が賃貸業を引き継げば、小規模宅地等の特例として50％（200m²まで）土地の評価が減額される。

【デメリット】

・ 収入が本人（親）に蓄積される（ローンの場合、返済が進む）ことで、相続税が徐々に増えていく。

・ 本人（親）に所得税がかかるため、他の所得もある場合に高い税率での課税になる可能性がある。

【ケーススタディ　下記の場合の相続税の計算】

土地の相続税評価（自用地評価）8,000万円

その土地の上に本人名義で5,000万円の借入れをし、建物を建築

家屋評価3,000万円、借地権割合70%の場合で小規模宅地等の特例を適用したとき

・ 土地の相続税評価

　　8,000万円×（1−0.7×0.3）×50%（小規模宅地等の特例）＝3,160万円

・ 建物の相続税評価

　　3,000万円×（1−0.3）＝2,100万円

・ 合計

　　（3,160万円＋2,100万円）−5,000万円（借入金）＝260万円

---

(2) 子名義

本人（親）の所得税を下げ、子に納税資金を貯める場合に有効であるため、相続までの期間が比較的長い場合で、規模があまり大きくない賃貸住宅を建築するときに適するといえます。

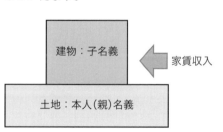

【メリット】

・ 収入が子に貯まるため、被相続人としての財産が増加せず、相続人に納税資金を貯められる。

・ 子の所得が本人（親）よりも低い場合には、所得税が低い税率になり節税になる可能性がある。

【デメリット】

・ 土地の評価が更地評価となって、減額がない。

・ 地代を払うと、借地権相当額を贈与したとして、贈与税が課税される可能性がある。

・ 建物は相続財産にならず、子がローンを組んでも、相続財産からは控除されない。

・ 子が本人（親）と同一生計親族でないと、小規模宅地等の特例として 50％（200m^2 まで）土地の評価が減額されない。

【ケーススタディ　下記の場合の相続税の計算】

土地の相続税評価（自用地評価）8,000万円

その土地の上に子名義で5,000万円の借入れをし、建物を建築

家屋評価3,000万円、借地権割合70％の場合で小規模宅地等の特例が適用できないとき

　・　土地の相続税評価

　　　8,000万円（自用地評価）　※減額なし

　・　建物の相続税評価

　　　0円（子の財産のため、相続財産にはならない）

　・　合計

　　　（8,000万円＋0円）－0円$^{(注)}$（借入金）＝8,000万円

　　　　（注）子の借入れのため、本人（親）の相続財産からの控除なし

---

(3)　法人名義

　本人（親）の所得税を下げながら、相続対策もしたい場合に有効であるため、相続までの期間が比較的長く、規模が大きい賃貸住宅を建築するときに適するといえます。

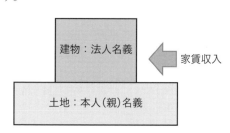

【メリット】

・　収入が法人に入るため、相続人を株主にすれば、被相続人の財産が増えない。相続人を役員にして役員報酬を払えば相続人に納税資金を貯められる。

・　「土地の無償返還に関する届出書」を提出し、地代を払うことで、土地の評価が20％減額される。

・　地代を支払えば、賃貸用としての小規模宅地等の特例50％（200m^{2}まで）の適用がある。

【デメリット】

・　法人の維持コストがかかる。

・　建物は相続財産にならず、法人がローンを組んでも、相続財産からは控除されない。

【ケーススタディ　下記の場合の相続税の計算】

土地の相続税評価（自用地評価）8,000万円

その土地の上に同族法人名義（株主は本人以外）で5,000万円の借入れをし、建物を建築

家屋評価3,000万円、借地権割合70％の場合で同族法人が土地所有者である本人に地代を払い、小規模宅地等の特例を適用するとき

- ・　土地の相続税評価
  - 8,000万円×80％（貸宅地）×50％（小規模宅地減額）＝3,200万円
- ・　建物
  - 0円（法人の財産のため、相続財産にはならない）
- ・　合計
  - （3,200万円＋0円）－0円[注]（借入金）＝3,200万円
    - （注）法人の借入れのため、本人（親）の相続財産からの控除なし

第5章

売却する場合に検討するべきこと

【売却の判断フローチャート】

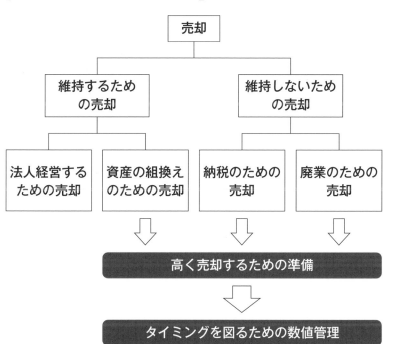

⓪1 不動産を高く売却する３つのコツ

　売却をしようと決意した場合、次に考えることは、できる限り高く売却したいということだと思います。

　不動産には、相場はあっても、絶対的な価格はありません。この金額で売買することが正しいかどうかなんて誰にもわからないのです。

　しかし、どうしたら高く売却できるかを知っているか、知っていないかで売却できる金額が異なるかもしれません。すぐに売却する場合も、何年後かに売却をする予定の場合もその知識は知っておく必要があります。

　では、どうすれば高く売却できるのでしょうか？

　不動産を高く売却するためには、市場が大きく影響します。しかし、市場は、よいときもあれば、悪いときもあります。運任せでは、ギャンブルになってしまいます。売却についても戦略的に考えなければなりません。

　高く売却するためには、３つのコツがあります。

（1）タイミング

　高く売れる時期（タイミング）を見極めることが大事になります。不動産が高く売れる時期というのは、需要と供給のバランスによるのです。

- ・　供給よりも需要の方が多い場合（需要 ＞ 供給）価格は上がる
- ・　需要よりも供給の方が多い場合（需要 ＜ 供給）価格は下がる

　当たり前といえば、そのとおりなのですが、不動産の場合、少し状況が変わってきます。

　「需要は、融資に大きく影響する」のです。つまり、金融機関の融資が出やすいと、購入希望者が増え、需要が高まることになります。金融機関の融資が出にくくなると、購入希望者が少なくなり、需要が低くなります。

　不動産の需要は、融資と連動しています。ですから、各金融機関の情勢を

見ることにより、不動産市場の動向を掴みやすくなります。

(2) 管理状況、物件状況

　不動産は個別性が強いため、市場の動向だけではなく、その不動産の状況によって価格が左右されることがあります。それは「賃料収入」と「修繕」です。

①　賃料収入

　賃貸不動産は利回り計算で売買金額が決まることが多いです。購入者がその投資に対する期待利回りがどのくらいで、支出の判断をするためです。

　例えば、家賃収入が年間500万円得られる物件の場合、期待利回り8%と設定すると、500万円÷8％＝6,250万円となります（期待利回りは、地域、立地、築年数などにより異なります）。

　しかし、この物件の家賃収入が年間450万円だった場合には450万円÷8%＝5,625万円となります。家賃が年間50万円違うだけで、売却金額が625万円も異なることになるのです。

　いかに家賃を下落させないか、満室稼働させるか、が大事になってきます。

　家賃を下落させないために、最新の設備を導入することは必要です。

　しかし、その前に見直してもらいたいのが、物件の管理状況です。

　「分譲マンションは管理を買え」ともいわれるくらい、管理が行き届いているかどうかがとても重要です。賃貸物件も同じです。エントランスにゴミが落ちていたり、放置自転車があると、とても印象が悪いです。

　そんな賃貸物件に入居したいと思いますか？

　エントランスの清掃が行き届いていて、キレイで明るい印象の方が入居しやすいのです。部屋の設備を良くしても入居が決まらないことがありますが、設備を導入しなくても、エントランスをキレイにしたことで入居が決まることがあります。

　まずは、物件の管理を徹底しましょう。物件の第一印象は何よりも大事な

のです。

② 修繕

外壁の塗り替えや防水工事などの大規模修繕がされてないと物件価額は下がる傾向にあります。買い手からすれば、購入した後に大きな修繕が必要であれば、それを見込まないといけないからです。

例えば、修繕せずに 6,250 万円で売り出した場合に修繕費が 1,000 万円かかると見込まれれば、5,250 万円で指値が入る可能性があります（6,250 万円－1,000 万円＝5,250 万円）。これを修繕費 500 万円かけて大規模修繕することにより 6,250 万円＋α で売却できる可能性があります。

つまり、買い手は、修繕費がどれくらいかかるかが不透明だからこそリスクを感じ、価額が下がるのです。

なお、投資用語としてのリスクは、「不確実性」を指します。それであれば、不確実性を排除してあげればよいことになります。

修繕費を見える化する（リスク解消）ことで価額は下がらなくなるのです。

修繕が今必要でなくても、今後見込まれる修繕費の金額を専門家に算出してもらうことも有効かと考えます。

(3) 売却した手残りで判断する

売買をするかしないかには、感情が大きくかかわってきます。特に「税金で損をしたくない」という感情に左右されやすいです。

個人が売却する場合、短期譲渡か長期譲渡かで譲渡税の税率が異なります。

	譲渡する年の1月1日 時点の所有期間	税率
短期譲渡	5年以下	39.63% （所得税・復興特別所得税 30.63%、住民税 9%）
長期譲渡	5年超	20.315% （所得税・復興特別所得税 15.315%、住民税 5%）

所有期間が5年を超えるか超えないかで、税率が倍近く変わります。

ちなみに（単純）相続で取得した場合の所有期間は、被相続人が取得した日から数えることになっています。相続で取得したときからの期間ではありません。

つまり、被相続人が5年を超えて所有していたのを相続で引き継いだ場合には、相続後にすぐに売却しても長期譲渡になります。そして、被相続人が5年以内に所有していたのを相続で引き継いだ場合には、相続後すぐに売却すると短期譲渡になるので気をつけなければなりません。

利益の約40％が税金で持って行かれると考えると、「長期譲渡まで待って売却した方がよい」と考えるのも無理はないかと思います。

「短期譲渡になるから売却できない」と思い込んでいる人が多いのですが、私は短期譲渡でも、高く売却できて、手残りが多く残るのであれば、売却するべきと考えます。

税金にとらわれて売却のタイミングを失った人を何人も見てきました。

売却の手残りは、下記のように計算します。

売却金額－借入金残債－売却諸費用－税金＝手残り

①　借入金残高

物件のローンが残っている場合に売却金額で返済しなければなりませんので、売却時点の残債を控除します。固定金利で借りている場合には、違約金が発生する可能性があるので、その金額も考慮しなければなりません。

②　売却に係る諸費用

仲介手数料、売買契約書の印紙代、測量代など、売却にあたって直接かかった費用です。

③　売却に係る税金

　譲渡所得税、譲渡住民税になります。短期譲渡か長期譲渡かによって異なります。また、売却した年に消費税の課税事業者であれば、建物の売買代金が消費税の課税対象になるため、その消費税分を考慮する必要があります。

　具体例を使って、手残りを比較してみましょう。

【前提条件】

　１億円で購入（建物 4,000 万円、土地 6,000 万円）

　借入金 1 億円（金利 3％、返済期間 25 年、元利均等返済）

---

①　物件購入して 3 年目で売却金額 1 億 1,000 万円の場合

　売却金額　１億 1,000 万円　　　譲渡費用（仲介手数料）363 万円

　取得費（簿価）9,520 万円　　　借入金残債 9,156 万円

　(注) 譲渡費用は、計算を簡単にするために仲介手数料のみ考慮しています（以下同じ）。

【譲渡税の計算】

　11,000 万円－(9,520 万円＋363 万円)＝1,117 万円

　1,117 万円×39.63％＝443 万円

【手残り計算】

　11,000 万円－9,156 万円－363 万円－443 万円＝**1,038 万円**

---

②　物件購入して 6 年目で売却金額 1 億 1,000 万円の場合

【前提条件】

　取得費（簿価）9,200 万円　　借入金残債 8,550 万円

　売却金額 1 億 1,000 万円（仲介手数料 363 万円）

【譲渡税の計算】

　11,000 万円－(9,200 万円＋363 万円)＝1,437 万円

　1,437 万円×20.315％＝292 万円

【手残り計算】

　11,000 万円－8,550 万円－363 万円－292 万円＝**1,795 万円**

同じ1億1,000万円で売却できれば、手残りが、1,795万円−1,038万円＝757万円違うので、長期譲渡まで待った方よいといえるでしょう。

　しかし、もし長期譲渡まで待つことになって、売却価額が下がったらどうでしょうか？

---

③　物件購入して6年目で売却価額1億円の場合
【前提条件】
　取得費（簿価）9,200万円　借入金残債8,550万円
　売却価額　1億円の場合（仲介手数料330万円）
【譲渡税の計算】
　10,000万円−（9,200万円＋330万円）＝470万円
　470万円×20.315％＝96万円
【手残り計算】
　10,000万円−8,550万円−330万円−96万円＝**1,024万円**

短期譲渡の手残りの方が大きくなっていることがわかります。

　さらに売却金額が下がってしまったらどうでしょうか？

---

④　物件購入して6年目で売却価額9,500万円の場合
【前提条件】
　取得費（簿価）9,200万円　借入金残債8,550万円
　売却価額　9,500万円の場合（仲介手数料314万円）
【譲渡税の計算】
　9,500万円−（9,200万円＋314万円）＝△14万円　∴譲渡税0円
【手残り計算】
　9,500万円−8,550万円−314万円−0万円＝**636万円**

　この場合、そもそも譲渡の利益が出ないため、譲渡税がかかってきません。手残りも短期譲渡と比べると大きく下回ることになっています。

　「税金は低くなっても、売却価額が下落して手残りが減るのであれば、意味がない」といえます。

　さらには、譲渡税はマイナスなら税金がかからないので、プラスにならな

ければ短期も長期も関係ないのです。長期譲渡にこだわって高く売れる時期を逃してしまうと、結果的に手残りが少なくなる可能性があることは覚えておきましょう。

⓪2 売却のタイミングは数値で判断

　高く売却するコツがわかったとしても、このタイミングがベストというピンポイントの判断は難しいと思います。

　結局、「周りが売却しているから、自分も売却した方がよいのではないか」「地価が下がってきているから、今のうちに売却しないと損をするのではないか」というように周りの動向や感情に流されて判断しているケースが多いと感じます。

　流されずに判断するためは、数値で判断するしかありません。数値で判断するための指標は以下の2つです。

（1）損益分岐売却金額

　損益分岐売却金額とは、売却の手残りが0円になる売却金額をいいます。

> **【売却の手残り】**
> 　売却金額－借入金残債－売却諸費用－税金＝手残り
> **【税金の計算】**
> 　（売却金額－簿価金額－譲渡費用）×税率
> （注）税率は、前述したとおり、所有期間によって異なります。

　この手残り金額が0円になる場合に、売却金額がいくらのときなのかを手残り0円から逆算して売却金額を算出したものが損益分岐売却金額です。

　損益分岐売却金額以下の金額では現実的に売却できません。

　それ以下の金額で売却すると、残債を返せなかったり、税金が払えなくなります。つまり、最低売却金額を示す指標になります。

　具体的には、次の式で計算していきます。

長期譲渡の税率	売買金額＝（残債金額－簿価金額×0.20315＋52,592）÷0.77055
短期譲渡の税率	売買金額＝（残債金額－簿価金額×0.3963＋39,844）÷0.58377

（注1）譲渡所得がプラスになる場合の算式です。あくまでも概算数値になりますので、実際の手残りと若干差が出ます。

（注2）譲渡費用は、仲介手数料のみで計算しています。

　この損益分岐売却金額は、年々異なってきます。

　借入れの返済が進めば残債金額が減っていくからです。また、簿価金額も、減価償却をしていくことによって、減っていきます。

　毎年毎年変化する損益分岐売却金額を把握しておくことが大事です。

　その損益分岐売却金額と市場の価格を見て、一番差が開いているところが、手残りが多く残るところになります。その金額の推移を見るとタイミングがつかめてきます。

　市場の価格ですが、賃貸物件の場合には、利回りで価格が決まることが多いです。その利回りは地域や築年数、構造などによって変わります。

年間家賃収入÷利回り＝売却想定金額

【事例】

　1億円の物件（土地 6,000 万円、建物 4,000 万円）を購入。

　借入れは、1億円。金利 2％、元利均等返済、返済期間 30 年。

　家賃収入年 660 万円。家賃年 0.5％値下がり、3年後から家賃の 5％空室損失を見込む。

　固定資産税年 30 万円、修繕費は 3 年後から年 40 万円、11 年後から年 70 万円、その他経費年 60 万円で試算。

（単位：万円）

年	2020	2021	2022	2023	2024	2025	2026	2027	2028	2029
売却想定金額	82,500	81,675	81,262	80,850	80,437	80,025	79,612	79,200	78,787	78,375
損益分岐売却	100,939	98,346	95,700	93,001	90,248	87,439	84,574	81,650	78,668	75,625
差額	△18,439	△16,671	△14,438	△12,151	△9,811	△7,414	△4,962	△2,450	119	2,750
年	2030	2031	2032	2033	2034	2035	2036	2037	2038	2039
売却想定金額	73,376	72,988	72,600	72,211	71,823	63,915	63,568	63,221	62,873	62,526
損益分岐売却	72,521	69,355	66,124	62,828	59,466	52,536	52,536	48,966	45,324	41,609
差額	855	3,633	6,476	9,383	12,357	11,379	11,032	14,255	17,549	20,917

　2034〜2039 年にかけて開きが大きくなっているのがわかると思います。

　売却想定金額を使う利回りには幅があります。買い主の状況によっては、低い利回りでも売却できたり、高い利回りでなければ売却できなかったりするのです。

　利回りが低ければ売却想定金額は高く、利回りが高ければ売却想定金額は低くなります。この利回りの低いところと、高いところの間の範囲が売却可能金額といえます。

　これをグラフにすると以下のイメージになります。

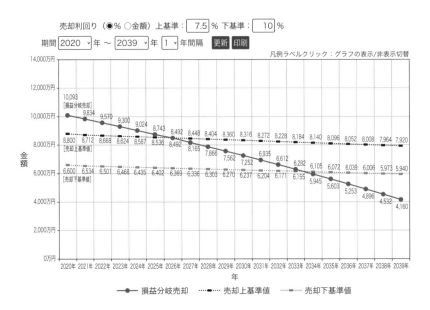

損益分岐売却金額が売却想定金額（上基準）よりも上にある状態では、現実的に売却は難しいということです。

（2）保有していた場合の手残りの何年分か

保有していた場合の手残り計算は、次の算式です。

> 家賃収入－固定資産税その他経費－借入返済－税金＝手残り

この手残りは毎年異なりますので、10〜15年の事業計画による手残り金額の推移を出していきます。そして、売却した場合の手残り金額が、何年分保有していた場合の手残りに相当するかを比較していきます。

「売却した場合の手残りが5年分の手残りに相当するなら売却しよう」「売却した場合の手残りが10年分の手残りに相当するなら売却しよう」等、何年分かを決めるのは、それぞれの判断でよいと思いますが、自分の中で基準を決めておき、その年分に相当する金額が売却の手残りで手に入ることがわ

かった段階で売却を決断するということです。

先程の事例で、2034年以降で比較すると以下のようになります。

（単位：万円）

	2034年	2035年	2036年	2037年	2038年	2039年
保有時手残り	△39	△43	△47	△52	△56	△60
手残り累計	△39	△82	△129	△181	△237	△297
売却想定金額	7,182	6,746	6,710	6,673	6,636	6,600
売却手残り	1,194	1,105	1,408	1,718	2,034	2,347

2034年以降は、保有していた場合はマイナスになっているので、売却した方がよいという判断になります。

いずれも、数字を基に判断することが大事です。

売却など大きな決断であればあるほど、感情が邪魔をして躊躇してしまい、タイミングを逃してしまいがちになりますので、数値で機械的に判断することがおすすめです。

納税のための売却の注意点

相続税の納税期限は、相続後10か月以内です。相続税の申告期限と同じタイミングで納税もしなければなりません。

納税は原則現金で一括払いです。手元に現金がないと納税が困難になってしまいます。

延納（分割払い）や物納（物で納める）という制度はありますが、それぞれのデメリットがあります。

延納	相続財産の構成等により年約1〜6％程度の利子税がかかってきます。さらにその利子税は不動産所得などの経費にすることはできません。
物納	物納は、相続税評価額の金額が納税する金額になります。不動産は、土地は路線価、建物は固定資産税評価額なので、一般的に市場価格よりも低い金額になっていることが多いです。物納により譲渡税はかかりませんが、市場で売却して譲渡税を払った方が物納するよりも、手元に多く残ることがありえます。

そのような理由から、不動産を売却して、売却代金で納税することも一般的に多く行われています。

不動産を売却する場合に気をつけなければならないのが、期限です。

相続から10か月以内という時間は、売買の広告を出して、買い主を見つけ、契約をして、引き渡しをするという流れを考えると非常にタイトです。

焦って売却しようとすると、思うような価格で売却できないこともあります。足元を見てくる買い主から安く買い叩かれてしまうこともあります。

相続後は、お通夜、お葬式、四十九日などバタバタすることも多いです。余裕を持って売買の相談をされるとよいでしょう。

期限がタイトな場合、同族法人に売却するということも1つの方法です。同族法人を設立し、相続人が取得した不動産を、その同族法人に買い取ってもらうのです。

ただし、新規法人なので売買代金として出せるお金がないと思います。そこで金融機関に融資をしてもらいます。融資したお金を売買代金として、相続人に支払い、売買代金を受け取った相続人は、そのお金を相続税の納税資金に充てればよいのです。

　延納と同じ効果はありますが、延納によって発生する利子税は経費になりません。しかし、同族法人が売買するための借入利息は、その法人の経費に計上することができる点が異なります。

　また、売買すると、譲渡所得税・住民税がかかります。しかし、相続で取得した財産を売却した場合の特例が使えます。

　それは相続税の取得費加算です。相続後3年10か月以内に相続で取得した財産を売却した場合、支払った相続税の一部を取得費に加算することができる特例です。

　以下の算式により計算した金額を取得費に加算して譲渡所得の計算をします。

$$
\text{その者の相続税額} \times \frac{(\text{その者の相続税額の課税価格の計算の基礎とされたその譲渡した財産の価額})}{(\text{その者の相続税の課税価格}) + (\text{その者の債務控除額})} = \text{取得費に加算する相続税額}
$$

　例えば、相続財産3億円（土地A：1億円、土地B：1.5億円、現金：0.5億円）で相続税を9,000万円払った場合で、相続してから1年後に土地Aを売却したときには3,000万まで譲渡税がかからずに売却することが可能となります。

$$
9,000\text{万円} \times (1\text{億円}) / 3\text{億円} = 3,000\text{万円}
$$

　相続後にしか使えない特例ですので、有効活用しましょう。

04 所有者を変更して維持する ための売却の注意点

　サラリーマンや自営業をやっている状態で賃貸経営を引き継ぐと、元々の給与所得や事業所得に不動産所得が上乗せされて税金がかかってきます。所得税は所得が大きくなればなるほど、（一定の所得を超えた所得について）高い税率で課税されるためです。

　これを回避するための方策として、不動産所得の全部もしくは一部を法人に移転させるという方法があります。

(1) 建物所有型法人の手順

　ここでは、賃貸物件を相続により引き継いだ相続人が、建物だけを法人に移転する方法をお伝えします。

　個人が所有している賃貸物件を、法人に名義を変える場合、個人から法人へ物件を売買して、所有権を移転させることが一般的です。その際に、個人が所有する物件に借入金がまだ残っている場合には、売買代金によって、返済しなければなりません。

　設立したばかりの法人には資金がないことがほとんどなので、売買代金を調達するために、金融機関からの融資を利用する場合がほとんどです。

　手順は下記のようになります。

---

① 個人と法人で売買契約の締結をする

② 法人が金融機関より売買代金相当額の新規の融資を受ける

③ 法人が融資を受けた金額で、個人に対して売買代金を支払い、物件の引き渡しを受ける

④ 個人は売買代金をもって、既存の融資を返済する

これにより、法人の借入れが発生し、個人の借入れがなくなります。実質的に個人から法人へ借換えしたのと同じ効果があります。

個人が借りている既存の金融機関で、法人の借入れもできなくはないですが、あまり積極的には行われません。金融機関内では、借入額が増えるわけでもないからです。

そこで、法人の借入先を別の金融機関に申し込みます。この融資は完全な新規の融資になるので、条件を交渉しやすくなります。金利や、借入期間を長く設定など、よい条件で融資してくれる融資先を探すとよいでしょう。

なお、キャッシュフローを良くするためには、低い金利よりも、融資期間を長く取ることを優先した方がよいことが多いです。

【例】個人がA銀行で融資を受けていた残債10年分を、法人がB銀行で新規融資を受ける際に借入れ期間を15年にして返済する。

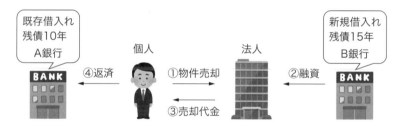

（2）借換えによる法人化を進めるにあたっての注意点
①　借入残高が売却金額より上回っていないか

個人と法人間の売買金額が、既存の借入金より上回っていないと、個人の借入金が残ってしまうことになるので、実行は難しくなります。

なお、個人と法人間の売買金額は、時価で行わなければならず、勝手に金額を決めてはいけません。

② 売却金額と簿価金額とのバランスが取れているか

売却金額が簿価金額（取得価額から、今までの減価償却分を控除した金額）を上回ると譲渡利益が発生し、譲渡税が課税されることになります。

例えば、帳簿価額7,000万円、借入金残高9,000万円の物件を、法人に売買金額1億円で移転しようとする場合には、借入金よりも売買金額が上回っているため、売買自体は問題ないですが、売買金額が帳簿価額を上回っているため、差額3,000万円（1億円−7,000万円）に対して譲渡税が課税されます。長期譲渡なら約600万円、短期譲渡なら約1,200万円です。

減価償却のスピードを早めるとこのケースに陥りがちになります。譲渡税を考慮せずに、金融機関がこのスキームによる法人化の提案をすることがよくありますので、ご注意ください。

なお、現物出資による移転でも、税金上は、法人に譲渡したと同様に扱われますので、譲渡税の問題が発生します。

③ 一括返済時の違約金に注意

既存の借入れが固定金利の場合には、一括返済することで違約金がかかることがあります。

違約金がかかるかは、借入れの契約書（金銭消費貸借契約書）に記載されています。違約金の条件は、金融機関によって異なりますので、契約書などで必ず確認しておくようにしましょう。

違約金が多額になるため法人への移転を断念することも少なくありません。

固定金利には、金利が固定されることで、経営の見通しが立てやすいというメリットがある反面、違約金が生じる可能性があるため、法人化や借換えがしにくくなるデメリットがあります。

④ 移転費用

法人へ移転にあたり登記費用や不動産取得税がかかります（軽減特例適用）。これらを合計すると高額になる可能性があります。節税額とこの費用を比べ

て、何年で回収できるのかが法人化の判断ポイントになります。

	建物を移転する場合	土地を移転する場合	（根）抵当権設定をする場合
登録免許税	建物の固定資産税評価額×2%	土地の固定資産税評価額×1.5%（売買の場合）	債権額×0.4%
不動産取得税	建物の固定資産税評価額×3%（住居以外の場合は4%）	土地の固定資産税評価額×2分の1×3%（宅地の場合）	

（注）登記を司法書士に依頼する場合、司法書士報酬が発生します。

⑤ 社会保険

　法人を設立すると、代表者が1名だけであっても社会保険の強制加入となります。社会保険には会社負担分があり、今後も増加傾向にあるため大きな負担になる可能性があります。今後はマイナンバーにより社会保険に加入していない法人が明確になります。

　社会保険料を考慮して、役員報酬の金額をいくらにするかのシミュレーションが必要になってきます。

⑥ 会社運営コスト

　個人の場合には赤字であれば税金が発生しませんが、法人の場合には赤字であっても均等割が課税されます。均等割は資本金や従業員の数などによって異なります。

　会社の経理上、必ず帳簿をつけなればなりません。また、法人税等の申告も作成しなければならないため、専門家に依頼した方がよい場合もあります。その場合には、依頼する費用がかかります。

⑦ 消費税

　住宅用の賃料は、非課税です。しかし、住宅用物件であっても、事業（賃

貸）用建物の売却は、消費税の課税取引に該当します（土地の売却は、非課税です）。

　法人に売却した年が課税事業者になっていれば納税することになりますし、免税事業者になっていれば納税する必要はありません。

　また、売却した年は免税事業者でも、売却した建物の価額が1,000万円超であれば、2年後には課税事業者になります。2年後に、別の物件を売却する場合には、建物売却金額に消費税が課税されますのでご注意ください。

　節税効果よりも移転費用がかかることでメリットが見込めない場合には、サブリース法人や管理法人の検討をするとよいでしょう。

05 廃業するための売却の注意点

（1）廃業するタイミング

廃業するタイミングによっては、税金の負担が増えてしまう可能性があります。

相続税の申告で、小規模宅地等の特例を適用している場合が挙げられます。

小規模宅地等の特例とは、被相続人が所有していた宅地について、事業用、居住用、賃貸用のいずれかに利用していた場合で、一定の要件を満たすときは、土地の評価を80％（賃貸用は50％）減額できる特例です。それぞれの用途によって各限度面積と減額割合が決まっています。

【用途ごとの限度面積と減額割合】

用途	限度面積	減額割合
事業用	400m² まで	80%
居住用	330m² まで	80%
賃貸用	200m² まで	50%

賃貸アパートやマンションの敷地にしている土地は、賃貸用の小規模宅地等の特例の対象となって50％減額になります。この減額の適用要件として、相続税の申告期限まで所有し、賃貸を継続していることがあります。

相続税の申告期限は、相続開始から10か月後です。相続税の申告書をその前に提出しても、この期限は早まりません。

この期間内に売却してしまうと、特例が使えなくなってしまいます。

もし、廃業する場合は、相続開始から10か月を経過するのを待った方がよい場合があるのです。

(2) 廃業のためにかかる費用

　廃業して売却する場合には、更地にする場合と建物付きで売却する場合があります。

　どちらが高く売却できるかは、立地や築年数、構造によって異なりますので、それぞれ売却した場合の数値で比較して判断することになります。

　更地にして売却する場合には、立退料と取り壊しが必要となることを忘れてはいけません。この費用が莫大な金額になれば、建物付きで売却した方がよいという判断になる可能性があります。

　この立退料と取り壊し費用についての税務上の扱いは、目的によって異なります。

目的	売却のため	建替えのため
立退料	譲渡費用 （所得税基本通達 33-7）	必要経費 （所得税基本通達 37-23）
取り壊し費用	譲渡費用 （所得税基本通達 33-7）	必要経費
資産損失	譲渡費用 （所得税基本通達 33-8）	必要経費 ただし、事業的規模未満の場合は、資産損失計上前の所得を限度に必要経費となる （所得税法第 51 条）

（注）資産損失とは、建物の未償却残高が売却時点や取り壊し時点で残っている場合の、その金額をいいます。

(3) 廃業の届け出

　廃業をした場合には、廃業した日から 1 か月以内に管轄の税務署に廃業届を提出する必要があります。その他、状況に応じて必要になる書類があります。

	書類名	提出先
青色申告で確定申告していた方	所得税の青色申告の取りやめ届出書	税務署
事業的規模で賃貸経営していた方	個人事業廃業届出書(注)	県税事務所
消費税の課税事業者だった場合	事業廃止届出書	税務署
賃貸経営で給与（青色事業専従者給与）を支給していた場合	給与支払事務所等の廃止届出書	税務署
予定納税がある方	予定納税の減額申請	税務署

（注）個人事業税の廃業年については、事業税の申告や納付時点は廃業年の翌年になり、経費が廃業年の翌年になってしまうことから、特別に事業税の見込額を廃業年分の必要経費に算入することができることになっています。

　　この場合の事業税の見込額の計算は、下記のとおりです。

　　税込控除額＝（事業税控除前の不動産所得の金額＋青色申告特別控除－事業主控除(※)）×5％／（1＋5％）

　　（※）事業主控除額＝290万円×廃業までの月数／12か月

06 資産の組換えのための売却の注意点

　賃貸経営は続けたいけれど、所有している賃貸物件の立地に将来性が見込めないと懸念する場合、売却して、より立地のよい賃貸物件を購入するという選択肢があります。

　「先祖代々からのこの土地を守る」という心意気は大事です。

　しかし、それによって無理をした賃貸経営を続けて、資産を取られてしまう形で売却してしまうことになったり、家族などが苦労をしたりするのは本意ではないでしょう。「この土地を残す」よりも「この事業を残す」という気持ちに切り替えなければならないことがあります。

　今後の賃貸経営が不安であれば、資産を組み換える選択肢を考えていきましょう。

　資産の組換えを考える場合、有効な税制があります。これらを適用することによって、本来かかる譲渡取得税・住民税が抑えられます。

　ただし、気をつけなければならないのは、これらの適用を受けるために物件を選ばないことです。特例を受けたいがために、今よりも立地に不安な不動産を選択することは本末転倒です。

(1) 10年超所有の事業用買換え特例

① 特例の概要

　個人が特定の事業用資産（譲渡資産）を譲渡して、一定期間内に特定の事業用資産（買換資産）を取得した場合には、譲渡資産の譲渡益の最大80％を将来に繰り延べることができる制度

②　特例の要件

【譲渡資産の要件】

・　譲渡資産がその年1月1日時点で10年超所有していること

・　事業的規模は問われないが、相当の対価を得て継続していること

【買換資産の要件】

・　買換資産が土地の場合は、面積が300m²以上のもので、事務所、工場、作業場、研究所、営業所、店舗、倉庫、住宅その他これらに類する施設の敷地の用に供されるもの（駐車場については、上記の施設と併設されて事業上必要とされるもの、または、開発許可申請中だけ駐車場にしている場合に対象とされる）

・　買換資産の土地については、譲渡した土地の面積の5倍以内が対象となり、5倍を超える部分は対象とならない

・　買換資産は、原則として、譲渡資産を譲渡した年、譲渡した前年、譲渡した翌年に取得したもの（例外として、譲渡した年の翌々年まで延長する特例がある）

・　買換資産を取得した日から1年以内に事業に使うこと

(2) 立体買換え

　同じ立地に建て替える場合に、大きな借入れをせずに建て替えられる方法があります。

　既成市街地等内における中高層耐火共同住宅への買換え（いわゆる立体買換え、租税特別措置法37条の5）です。

①　特例の概要

　土地とその上に建築された建物（及び敷地）の一部を交換することで、譲渡資産の譲渡益の最大100%を将来に繰り延べることができる制度

② 特例の要件

【譲渡資産の要件】

- 三大都市圏の既成市街地等内にある土地または建物を、地上階数3以上の中高層の耐火共同住宅の建築をする事業の用に供するために譲渡をすること

【耐火共同住宅の要件】

- 譲渡資産を取得した者または譲渡した者が建築したものであること
- 耐火建築物または準耐火建築物であること
- 床面積の2分の1以上が専ら居住の用に供されるものであること

【買換資産の要件】

- 譲渡資産の土地の上に建築された耐火共同住宅（その敷地の用に供されている土地等を含む）またはその耐火共同住宅に係る構築物であること
- 原則、譲渡資産を譲渡した年の翌年12月31日までに買換資産を取得すること（例外として、譲渡した年の翌々々年まで延長する特例がある）
- 買換資産は、取得した日から1年以内に事業の用または居住の用に供すること

【事業承継実行フローチャート】

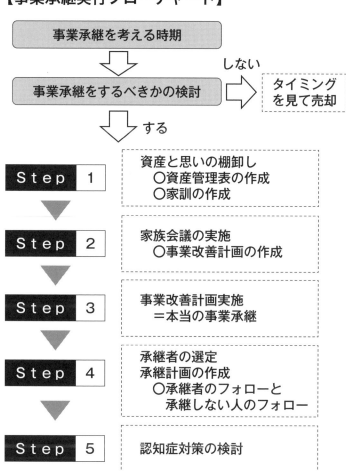

事業承継を考える時期

事業承継をするべきかの検討 　しない → タイミングを見て売却

する

Step 1 資産と思いの棚卸し
　〇資産管理表の作成
　〇家訓の作成

Step 2 家族会議の実施
　〇事業改善計画の作成

Step 3 事業改善計画実施
　＝本当の事業承継

Step 4 承継者の選定
承継計画の作成
　〇承継者のフォローと
　　承継しない人のフォロー

Step 5 認知症対策の検討

⓪1 事業承継はいつから考えるべきか？

（1）今すぐ始めるべき事業承継

　事業承継に早すぎることはありません！

　「自分が相続したばかりだから次の事業承継なんてまだまだだよ」と思う気持ちもわかります。70代、80代でもお元気な方は沢山いらっしゃいます。

　しかし、まだ事業承継は早いなと思っているうちに…というのはよくある話です。早いうちから、少しずつでもいいので絶対に始めてください！！

（2）大家さんの二極化問題

　なぜ私がこれほどまで強く事業承継を勧めるのかというと、それは、事業承継する2代目（以降）の大家さんが、二極化している問題があるからです。

　事業承継した2代目大家さんは、大きく2つに分かれる傾向にあります。P13でも紹介したポジティブ大家さんとネガティブ大家さんです。

　最近ネガティブ大家さんになる方が増えていると感じています。

　相続で賃貸物件を引き継いだけれど、面倒なので売却したいという相談が顕著に増えているのです。

　ご自身で守ってきた賃貸物件が、次の世代になると売却されてしまうのならば、「何のために一生懸命に賃貸経営をしてきたのか」と自分が死んでこの世にはいなくても、やりきれない思いになることでしょう。やはり次世代の方にも、ポジティブ大家さんになってもらい、不動産を守っていってもらいたいと思うのが当然だと思います。

　では、このネガティブ大家さんになるか？　ポジティブ大家さんになるか？　には一体どのような違いがあるのでしょうか？

　「引き継ぐ人の資質」もあるでしょう。しかし、私が見ている限り、どのような方がポジティブ大家さんになって、どのような方がネガティブ大家さん

になるのかの境目ははっきりしていると感じています。

①　ネガティブ大家さんになりやすい傾向

　今まで賃貸経営にタッチしてこなかった方は、ネガティブ大家さんになり
やすい傾向にあります。なぜなら、親御さんなど先代が賃貸経営をやってい
たことは知っているけれども、サラリーマンなどご自身の仕事に追われて、
賃貸経営をやってこなかったのです。そのような方が、相続を機に賃貸経営
をやることになったら、何をしたらよいかわからず戸惑ってしまいます。

　「空室があって資金繰りが悪い」「築が古くて修繕費がかかりそう」「借入
れがこの先返済できるのだろうか」などとネガティブの感情が渦巻いて、結
局、全てが面倒と思って、売却を考えてしまうのです。

　それが、「空室があっても、満室にする策がある」「修繕費がかかっても、
借入れできる交渉力がある」「借入れはあるけども、先の見通しを立てれば
安心だ」などと思えたら、違っていたのではないでしょうか？

　つまり、問題解決する術を知らないだけなのです。

②　ネガティブ大家さんからポジティブ大家さんへ

　では、問題解決する術はどうやって身につけるのでしょうか。

　それには、実際に自分が賃貸経営を経験して、試しながら解決策を考えて
いくことが必要です。

　私自身がそうでした。私は家業として賃貸経営をしていたことはもちろん
知っていましたが、次男でしたので、長男が引き継ぐものと子ども心に思い、
賃貸経営には一切興味を持っていませんでした。

　しかし、立ち行かなくなった経営を立て直すために、私が引き継ぐことに
なって、初めて賃貸経営に触れたのです。先が見えないし、どうしたらいい
かもわからず最初は、嫌で嫌で仕方ありませんでした。

　そこで私は、賃貸経営に関する書籍を50冊くらい読み漁り、知識をつけま
した。そして、賃貸経営を相談できる信頼できる人に出会いました。

そこから、少しずつ希望の光が見えてきました。

本に書いてあったこと、セミナーで聞いたことを実践していって、満室になったときの喜びを今でも覚えています。「こうすれば賃貸経営は上手くいくのか」と朧気ながら手応えを感じました。

その後は試しながら、失敗しながらも、自分の経験に変えていき、それが今では「賃貸経営を改善できる」という自信に繋がっています。

ポジティブ大家さんは、元々ポジティブではなく、賃貸経営の経験を積みながら、やり方を覚えていった結果ではないかと思うのです。ですから、後継者にポジティブ大家さんになってもらうためには、早め早めに、後継者に賃貸経営に触れてもらうことが必要です。

これは早い方がいいです。できれば事業承継するお子さんが、大学生～30代前半くらいのころまでが望ましいです。お子さんがサラリーマンの場合、40代・50代になると重要なポストに就いてしまい、とても賃貸経営に割く時間がないことがよくあります。時間に余裕のある若いうちに事業承継することが適していると考えます。

さらに、若いうちに賃貸経営をすると、経営感覚が身につきます。自分で空室などの問題点を発見し、解決策を考え、実施するということは、まさに経営判断です。この経営判断は、サラリーマンをしていてもなかなか身につかないものです。

経営判断はやればやるほど身についてきます。この経験は間違いなく今後のサラリーマン人生の中でも活かせます。

事業承継は早め早めでなければならないのです。

02 事業承継をするかしないかの判断

（1）事業承継は相続税を判断基準にすると失敗する

「相続税対策のためにアパート・マンションを建てましょう」というのは、古くからハウスメーカーの営業文句でもあり、実際に相続税対策になるのも事実です。

しかし、それを鵜呑みにして、空いている土地があるから賃貸物件を建てようと考えるのは早計です。あなたが苦労したように、次の世代が苦労する可能性があります。

なぜ賃貸経営で苦労するのでしょうか。

その最たる要因は、借金があるからです。

資金繰りが厳しくなっているのは、借入金の返済があるからです。前述のとおり、キャッシュが右肩下がりになるのは、経費となる利息が減っていって税金が上がっていくけれども、ほとんどの場合は元利均等返済の条件で借りているため、月々の返済額が減らないからです。これも借入金が原因なのです。

なぜ借金して賃貸経営する人が多いのでしょうか。もちろん手元の現金がないため、建築費は借入れしないとならないという人が多いからですが、それとは別の思考があると思っています。

それは「借金を多くする」と相続税が減るという勘違いによります。大家さんと話をしていると、相続対策のために「借金をしなきゃいけない」という固定概念を持っている方が非常に多いです。

その度に「借金しても相続税は1円も下がりません」と私は断言しています。

具体例で考えてみます。元々3億円の土地を持っていた人が、2億円の借金をした場合の相続税評価はどうなるでしょうか？

下記①のように考える方がいますが、これは間違いです。

正しくは、②となり、借金をする前と財産額はかわっていません。借金をすると、借金分の現金が増えるのです。

---

① 3億円(土地)－2億円(借金)＝1億円

② (3億円(土地)＋2億円(借金で受け取った現金))－(2億円 (借金))＝3億円

では、なぜ借金をすると相続税が下がると誤解が多いのでしょうか?

それは、「賃貸物件を建築すると相続税が下がる」ことがごっちゃになっているからだと思います。

賃貸物件を建築すると実際に相続税は下がります。建物の相続税評価額は建築費よりも大幅に低くなるため、現金を建物に換えると評価が下がり、また、建物を賃貸すると、さらに評価が減額され、その土地の評価も減額されるからです。

【家屋を賃貸にした場合の家屋の評価額の比較】
(固定資産税評価額が建築費の60%の場合)

家屋を賃貸した場合、その敷地である土地の評価も下がります。

【家屋を賃貸にした場合の土地の評価額の比較】
(借地権割合70%の場合)

上記の例で、2億円で借り入れた現金をアパートの建築費用に充てた場合の相続税評価を計算してみましょう(借地権割合70%、建物の固定資産税評

価額を時価の60％と仮定（計算式は204、205頁参照））。

（2億3,700万円（貸家建付地）＋8,400（貸家））－（2億円）＝1億2,100万円

　3億円の土地の評価が、2億3,700万円に減額され、2億円の建築資金が、8,400万円の評価に減額されています。

　この減額分が相続税が下がる要因です。しかし、これは借入れをせず、手元の現金を使ってアパートの建築費用に充てても同じ結果になります。

　借金をしたから相続税が安くなるわけではありません。

　借金をするのは、手元に現金がないからです。つまり、「借金は、現金を調達する手段であり、相続税を安くするための手段ではない」のです。

　それを知らずに過分な借入れをすることによって、相続後のキャッシュフローが厳しくなっていることがよくあります。

　さらに、借入れをすることで、利息の負担が増えます。

【上記の例の金利総額】
2億円を30年間、利息2％の元利均等返済で借りたとき、
金利総額　約6,613万円
【上記の例での相続税】
（相続人が子ども2名の場合で小規模宅地の減額は考慮していません）
アパート建築前の相続税　　6,920万円
アパート建築後の相続税　　1,180万円
【節税額】
6,920万円－1,180万円＝5,740万円

　5,740万円の節税をするために、約6,613万円の利息を払うことになります。相続税を抑えるためだけに借入金を増やすことは危険なのです。

　もっというと相続税の節税を賃貸経営をやる判断材料にしてはいけません。

　長期の収益性を見込んで、キャッシュフローが十分に回ること、そして次世代に引き継いでも安心な経営状態であることを判断基準にするべきです。

(2) 事業承継と資産承継の違い

　それでも相続税の節税になるからと、安易に賃貸経営を始めてしまう人が後を絶ちません。これは賃貸経営特有のことです。それはなぜでしょうか。

　一般の事業を考えてみてください。相続税対策になるからと、飲食業を始めたり、IT事業を始めたりすることはないですよね？

　でも賃貸経営は始めてしまうのです。賃貸経営を事業ではなく資産と見ているからでしょう。

　私はそれに危機感を感じています。賃貸経営も事業です。事業を上手く軌道に乗せて、次の世代に引き継がせることは他の一般事業と何ら変わらないはずなのです。

　事業を承継させるのは大変です。

　一般事業では、次期社長候補に、自分の会社の平社員として修行を積ませたり、他の会社に丁稚奉公のように修行させ、一定の経験をさせた後、役員として経営を学ばせ、折を見て社長交代という流れでやっていくのが一般的で、長期のスケジュールで事業承継を考えています。

　しかし、賃貸経営においては、賃貸物件を相続させれば、事業承継は完了と思ってしまっているのです。

　これでは、後継者がネガティブ大家さんになるのも仕方がありません。

　賃貸物件という資産を持っていれば安泰という時代は終わりました。賃貸経営が事業という認識をもって、真剣に事業承継を考えなければならないのです。

(3) 事業承継に必要な３つの「ち」

　相続税の節税を事業承継の判断基準にしてはならないのであれば、何を基準にすればよいのでしょうか。

　私は３つの要素が必要だと考えています。それは、**３つの「ち」**です。

①　気持ち

事業承継を進めるにあたり、今後大規模修繕や建替えなどをする必要がでてきます。これらには多額の費用がかかります。さらに大きな借入れをする必要があるかもしれません。

それでも残そうと思う強い気持ち、すなわち、覚悟があるのかどうかが基準になります。

賃貸経営を維持していくためには大きな借入れなどの精神的な負担（もちろん肉体的な負担も）があります。その負担よりも残そうと思う気持ちが勝っていないと、事業承継は進められないのです。

②　立地

建物を取り壊して、新たに建て替えることは可能です。しかし、立地を変えることはできません。

この先賃貸経営を維持していくにあたって、立地条件に不安がないかが基準になります。

これは駅から遠いからダメとか、地方だからダメなどの物理的な話ではありません。物理的な条件が悪くても、ちょっとした工夫で満室稼働をさせている大家さんは沢山います。

一番良くないのは、賃貸経営が上手く行かなかった場合に、「立地がよくないから」と、自分の努力不足を棚に上げて、立地のせいにすることです。「いつやるか？今でしょ！」でおなじみの林修先生は、「人はできない言い訳とやらない理由を見つける天才」と言っています。

立地を逃げ道にすると、本来やるべき努力をしなくなるものです。

「努力しても今の立地では厳しいのか？」と考えた時に厳しいと思うのであれば、資産の組換えで立地を変えるか、そもそも事業承継なんか考えない方がよいのです。

③　血（承継者）

　現実問題として、賃貸経営を引き継いでくれる人がいるのかという問題があります。

　これは家族として血が繋がっている人から選ばないといけないという意味ではありません。一般的には血縁者であることが多いので血としていますが、血縁者でなくても、引き継いでやってくれる人がいればよいのです。

　最近は、結婚しても子どもをつくらない夫婦が増えているようです。

　その場合、甥や姪を後継者にしたいと相談が多くありますが、それを当人に伝えていないことも多々あります。それでは本当に承継してもらえるのかがわかりません。

　事業承継は後継者とコミュニケーションが取れて初めて成立します。自分と同じ気持ちで賃貸経営を行ってもらえないと、維持は難しいです。

　もし、本気で承継させるのであれば、早めにそのことを伝えて、しっかりとコミュニケーションを取るようにしなければなりません。

　以上の3つを判断基準にして事業承継をするかしないかの方向性を決めることからスタートします。

⓪3 資産の棚卸し

(1) 資産管理表の作成

　事業承継の第一歩は資産の棚卸しです。

　ご自身の資産がどのようなもので、どのくらいの価値があることを把握しているでしょうか?

　ご自身がわからないものは、承継する人には全くわかりません。

　事業承継とは、事業を伝えることです。それには、言語化されていることが前提です。どのような場所で、どのような規模で、どのような状況の中で経営しているのかは、感覚では伝わらないのです。

　しっかりと言語化するためには、資産管理表を作るべきです。

【資産管理表の例】

		A物件	B物件	C物件			A物件	B物件	C物件
立地	住所				管理状況	管理形態			
	最寄駅					管理会社			
	土地建物					連絡先			
	取得年・原因					担当者			
	固定資産評価額				借入金	金融機関名			
建物概要	構造					借入残高			
	規模					条件			
	築年数				保険	保険会社			
	間取り					保険金額			
	賃料					保険期間			
	インフラ				修繕	修繕履歴			
	設備					修繕担当			
						連絡先			
今後の方針	5年以内にやること								
	10年以内にやること								

借入れの条件は?

どんな物件なのか?

修繕計画など

第6章　事業承継するかどうかの検討

125

資産管理表の内容は、所有する物件の「立地」「建築概要」「管理状況」「借入金」「保険」です。そこから、今後5年以内にやるべきこと、10年以内にやるべきことも明記しておくとよいでしょう（資産管理表の例参照）。

　一覧できるものを作成することで、資産全体が俯瞰して見ることができ、今後、何を引き継がせて、何を処分・売却するなどが見えてきます。

　この資産管理表は目に見える財産ですが、事業承継で大事なのは目に見えない財産です。目に見えない財産とは、修繕履歴、人脈（管理会社、内装業者、弁護士、税理士などのパートナー）、賃貸経営のノウハウなどです。

　こちらもリスト化するとよいでしょう。

　引き継いだ人が一番困るのが、問題が発生した場合に誰に連絡すればいいの？　ということです。解決してくれる人がいるということだけでもわかれば安心して経営ができるのです。

思いの棚卸し

（1）遺言書を作っても事業承継は上手く行かない

　事業承継でよく聞くのが、「遺言書を作りましょう」ということです。

　確かに、相続争いを防ぐためには、遺言書は必要だと思います。しかし、遺言書を作っただけでは、上手く事業承継できるかといえば、私は全くできないと思っています。

　遺言書と事業承継は全く視点が異なるのです。

　なぜ遺言書を作っても事業承継に活かされないのでしょうか。

①　遺言書を書こうと思っても、そもそも誰に承継するのか決められない

　遺言書には、「○○に△△の財産を相続させる」と記載するのが一般的です。しかし、このように承継の仕方を明確に決めている方は少ないと感じています。

　お子さんが２人、３人といた場合に、明確に分けられますか？親からすれば、子どもは全員かわいいはずです。優劣は付けられないからと、平等にアパートを兄弟の共有で相続させるようにするのではないでしょうか。

　共有は、一見平等そうに思えるのですが、上手くいかないことが、私の経験上多いです。

　アパートが共有だから、一緒にアパートの管理をするのかというと、大抵の場合そうなりません。兄弟のうち、どちらかが一生懸命管理して、もう１人は何もしない場合があります。

　しかし、アパートは共有なので、賃料収入は平等に分けなければなりません。すると、一生懸命管理をしている人にとっては、不満がたまります。「何で私ばっかり苦労させられているの」と口を揃えてそう言います。

一方で、管理をしていない共有者には、別の不満がたまっていたりします。「最近家賃の入金が少なくなっている。無駄遣いや使い込みがあるのでは」と疑ってしまうのです。

コミュニケーションが疎遠になればなるほど、このようなすれ違いは起きます。また、共有状態のままでは、後々に共有者の相続（法定相続）によって、新たな共有者が増えることになります。

遺言書を作るにも、共有にしないための方策が必要になるのです。

②　遺言書の内容を相続人全員に公表しない

遺言書を作っても、内容を表に出さない方が多いのではないでしょうか。

今公表すると、相続争いが勃発してしまうことを懸念するのでしょうが、相続人に承継させようとしても、一体誰が何を相続するのかわからない状態では、事業承継の準備ができません。

それでは事業承継といえません。前述したとおり他の事業では、もっと前から承継するための準備をしているのです。

相続を機に、承継するのでは遅いのです。

③　どう経営していいかを書いていない

遺言書は、法律に沿って書かれることなので、基本的には、必要最低限のことしか書かれていません。当然、賃貸経営をどうやって経営すればいいか、なんて書かれているはずもありません。

しかし、相続人は、相続があった瞬間から、賃貸経営を始めなければならないのです。何を拠り所に賃貸経営をすればよいのか、困惑してしまいます。

問題があったときの解決策がわからなければ、早めに手放すことを考えてしまうものです。

④　遺言書は後ろ向き

遺言書の必要性を頭でわかっていても、実際に書く人は少ないのが現状で

す。

遺言書は自分の死を意識しないといけないという意味で、後ろ向きの話であり、積極的に書こうとは思わないのです。それでは事業承継をしようという発想にもなりません。

(2) 思いを伝えるために家訓を作ろう

事業承継の本質は、「思い」です。思いを伝えることから始まります。

そのために私は「家訓」を作ることから始めることをオススメしています。

家訓というと、「いつの時代？」と言われますが、家訓とは、日本から古くから伝わる「乱世を生き抜くために考え出された、生き残る知恵」です。

つまり、財産を残しても「思い」や「経営哲学」が引き継がなければ、事業承継はできません。それは企業でも同じです。何十年、何百年と続いている企業には必ず「経営理念」が掲げられています。

経営理念というと大家さんにとっては大げさになってしまうので、家訓がよいのです。家訓であれば、一家に１つあってもおかしくないからです。

事業承継というと、どうしても、目に見える財産を承継することで頭がいっぱいになりますが、賃貸経営で生き抜くことが簡単にできなくなった現代こそ、目に見えない、ノウハウや経営理念は大事になっていくのではないでしょうか。

蛇足ですが、スイスやアメリカの富裕層向けのプライベートバンクでは、必ず「ファミリー・ミッション・ステートメント（FMS)」を作成させてから資産管理を行います。FMS、これを和訳すると「家訓」です。

私が適当に家訓といっているわけではないのです。家訓という方向性がないと、その富裕層の資産をどのようにして保全するのか、増やしていくのかわからないことを海外のプライベートバンカーは知っているのです。なぜだか日本には、その風習がないように感じます。

家訓といっても、難しく感じる必要もないのです。たった１つでも構いません。賃貸経営で大事なことを表せばよいのです。

【家訓の例】
「無駄な借金はするな！」
「自宅は、絶対に手放すな」
「関係業者とは仲良くすること」
「入居者には愛を持って接するべし」

　家訓には、遺言書と違い、以下の効果があります。

①　やるべきことが明確になる

　家訓の言葉は経営ノウハウそのものだったりします。「これをすればよい」ということが明確に書かれているので、承継者にとってわかりやすいです。

②　経営の拠り所になる

　経営は様々な判断が試されます。こっちに行くべきか、あっちに行くべきかと判断の連続です。

　その判断に迷ったときに家訓に立ち戻ることで、決断できることがあります。判断には経験が必要です。家訓には多くの経験が詰まっているのです。

③　思いが伝わる

　最後は、「引き継いで欲しい」という思いです。

　思いが伝われば、承継者も頑張ってくれます。しかし、遺言書ではその思いが伝わりません。

④　引き継ぐ心理的な負担を減らす

　「家業を引き継げ」といわれても、ハードルが高く感じてしまいます。

　「もっと自分がやりたいことをやりたい」「家業を引き継ぐなんて時代遅れ」なんて思っている人も多いでしょう。

　そのため「家業を引き継げ」と言い聞かせることは逆効果になることがあ

ります。「何をやってもいい。しかし、家訓だけは守れ」と言い聞かせるので
は印象が違うでしょう。自由にさせてもらえている感覚になりながらも、家
業の方に振り向かせる効果があるのです。

　直接よりも間接的に引き継ぐ方に誘導することで引き継ぎやすくするのです。

⑤　承継させたい前向きな気持ちになる

　遺言書は自分が死ぬということが前提となっているので後ろ向きです。し
かし、家訓は今後どうしていきたいのかが前提になっているので前向きです。

　そして、家訓を作ったら、伝えたいという気持ちになるでしょう。

　この前向きな気持ちが事業承継には必要です。

　事業承継には忍耐や根気が必要です。「承継させたい」という気持ちが
あって初めて成し遂げられるのです。

(2) 家訓の作り方

　家訓を作りましょうといっても、なかなか思い浮かばないものです。

　3本の矢のエピソードで有名な毛利元就の例を見てみましょう。

　3本の矢とは、毛利元就が晩年病床に伏しているときに、3人の子どもを呼
び、1本の矢を折り、続いて3本の矢を束ねて折ろうとして折れないことを
見せ、「1本の矢は簡単に折れるが、3本纏めると簡単には折れない。3人の
兄弟力合わせて毛利家を守っていってほしい」と言ったエピソードです。

　家族の絆、結束力の大切さが伝わるエピソードですが、それ以外でも毛利
元就は次のような家訓を残しています。

　『当家の毛利という姓が、力の及ぶ限り末代まで存続し衰えぬように、お
心掛け、ご配慮されることが大切である』

　これは「毛利という名字を残しなさい」ということですが、とても奥が深
いと思います。

　名字を残すことは、毛利家が繁栄しないとできないことです。

　それを暗に、しかも1番シンプルに伝えているのです。家訓作りにはとて

も参考になるのではないでしょうか。

　自分の伝えたいことを、できる限りシンプルに伝えるためには、まずは自分の伝えたいことは何かを探ることです。

> ・　自分が大事にしている心構え
> ・　自分が大事にしている考え方
> ・　賃貸経営をどういう方向性に持っていきたいのか
> ・　どうすれば賃貸経営は上手くいくのか

　上記のようなという観点で家訓を作ってみましょう。

　質問を作ってみましたので、この質問に答えていくと、その答えが出てくると思います。

【家訓作りのための５つの質問】

①　今まで入居者に喜ばれたこと、成功したなと思った行動は何ですか？

②　賃貸経営で失敗したことはありますか？それは何ですか？

③　賃貸経営で常に心がけていることはどんなことでしょうか？

④　自分が一から賃貸経営を始めるとしたら、何を大切にしますか？

⑤　今後どんな賃貸経営にしていきたいですか？

（3）家訓を家族と共有するための家族会議

　家訓は作っただけで満足するのは早計です。作ったら家族と共有すること
が大事です。

　しかし、家訓の内容だけを伝えるのではもったいないです。

　折角なので、どういう背景でどういう思いで家訓を作ったのか、この家訓
を基に賃貸経営をどうしていきたいのか、という気持ちも合わせてぶつけま
しょう。そして、それを聞いた家族がどう思ったのかも合わせて聞きたいと
ころです。

　承継する側、される側、どちらも一方通行では、上手く承継できません。
それぞれの思いをぶつけ合わなければなりません。

　そのためには、それ相応の場が必要です。家族会議を開いてください。

　「家族会議なんて、気恥ずかしくてできない」と思う方も多いでしょうが、
普通の家庭の中でストレートに気持ちをぶつける場なんてほとんどないで
しょう。いつもとは違ったシチュエーションで演じるくらいでないと、とて
もできないのではないでしょうか。

　家族会議の注意点は、感情的になってしまいがちであることです。家族な
ので、言葉を選ばずに口に出してしまうことが多いかと思います。

　「やりたくない」「面倒くさい」というような言葉を聞くと、ついついカッ
となって話し合いにならなくなる可能性がありますので、そうならないよう
に、専門家など第三者を交えていくとよいでしょう。「なぜやりたくない
の？」「なぜ面倒だと思うの？」と第三者から諭されることにより、その考
えが理解できると思います。

　今まで家族で話し合ってこなかったのであれば、すぐに気持ちがわかり合
えるなんて思わないでください。じっくりと話し合うことが必要です。

　事業承継には忍耐が必要なのです。

05 事業改善計画こそ事業承継

（1）なぜ引き継ぎたくないと思うのか？

　家族会議でお子さんの本音に愕然とすることもあるでしょう。

　特によく聞くことが「不動産なんていらない。現金で相続したい」とお子さん言われることです。ここで心が折れてしまう人が多いのですが、若者は現実主義者が多い、ドライで現金な人が多い、という一般論で済まさないで欲しいのです。

　もしくは「やっぱり子どもには賃貸経営は無理だ」と決めつけていませんか？

　それでは事業承継は上手くいきません。きちんとお子さんと向き合って欲しいのです。

　それは辛い、できれば避けたいと思うでしょう。

　でも、そこに向き合っていかなければならないのです。

　まず考えて欲しいことは、自分の物件がどのような状況にあるのかということです。

　誰もが引き継ぎたい、魅力ある物件になっていますか？　修繕をしていないボロ物件、借入金が多額に残っている物件は、誰が引き継ぎたいと思うでしょうか？

　引き継ぎたくない賃貸物件を見せられたお子さんの気持ちを考えてみてください。どんな仕事もそうですが、夢を見せられない仕事では、誰もついていかないのです。

　もし、キャッシュフローが潤沢にある賃貸経営だったら？

　もし、満室稼働で、将来に不安がない賃貸経営だったら？

　もしかすると「引き継ぎたい」と言ってくれるかもしれません。

　物件の状況を棚に上げて、「引き継いでくれないのは仕方ない」となって

いませんか？

　まだ改善するチャンスはあります。引き継ぎたい物件にしてあげればよいのです。

　「引き継ぎたくない」とお子さんに言われても簡単に諦めてはいけません。

　むしろここから事業承継がスタートするくらいに思ってください。

（2）資産状況の分析

　引き継いでもらえるかどうかを考えるにあたって、まずは、資産の状況を分析する必要があります。

　「資産があるから、引き継でくれるだろう」「家賃収入が入ってくるのだから、断る理由がない」と思っていませんか？

　資産と思っていいた物件は、本当に価値のある資産なのでしょうか。

　資産的な価値よりも、引き継いだ後の苦労の負担の方が大きいかもしれません。

　これは物件ごとによって異なるので一概に言えません。しかし、物件ごとの特徴を考えずに、「賃貸物件がある＝資産価値がある」と思い込んでしまっているところに私は違和感を覚えます。

　つまり、賃貸物件は、所有しているだけでは価値が100％発揮されないのです。賃貸物件には、不動産という資産と、賃貸経営という運用を合わせて始めて価値があるのです。

　不動産という資産だけ引き継がせても、運用が上手くいかなければ、価値はないのです。

　まずは、この事実を認識することです。

　次に、資産と運用の割合を数値化しましょう。

　不動産の資産性は、立地やエリア、将来性などの土地そのものの価値です。

　賃貸経営の運用は、稼働率を上げるため、管理会社などの関係業者のやりとりにどのくらい労力をかけているか、部屋造りや外構、外壁などに独自の

ノウハウがあるか、など資産性を運用でどのくらいカバーしているかです。

　運用の割合が高い物件であれば、引き継ぐのにハードルが高くなるということです。

　この割合を数字で出してみるのです。数字で出すと客観的に判断ができます。

資産50：運用50なのか。資産30：運用70なのか。

資産割合：？	運用割合：？

賃貸物件の価値

　資産は誰が所有者でも変わりません。

　しかし、運用は誰が所有者かによって変わるのです。この運用を引き継がなければ不動産としての価値が失われていくのです。つまり、運用の割合が高い物件であれば、引き継ぐ人の能力や使える時間に左右されるために引き継ぐハードルが高くなるのです。

　運用の割合が高いかどうかを簡単に見極める質問があります。

- ☐ 10室以上で自主管理をしている
- ☐ 管理会社に任しているが稼働率が80％未満である
- ☐ リフォームの企画から部材の発注までやっている
- ☐ リフォームの企画はしていないが、業者の選定は自らやっている
- ☐ 管理会社、仲介会社と週7回以上連絡を取っている
- ☐ （家賃の値下げの依頼があった場合など）賃貸経営の判断基準がなく、自らその都度判断している
- ☐ 賃貸経営の判断基準があるが、その基準が他人に共有されていない
- ☐ 借入金が3億円以上ある

これらの１つでもチェックがついた場合には、運用面がネックになって引き継いてもらえない可能性があります。

お子さんご自身が運用を引き受けてやる覚悟があるのか、賃貸経営をする時間が取れるのか、きちんと話し合わなければならないのです。

その覚悟や時間の確保ができないのであれば、お持ちの不動産を売却して、運用の割合が小さい不動産を残してあげることも選択肢の一つです。

事業承継はコミュニケーションが全てです。

お子さんが運用をどのくらいできるのか、できなければ、どうすればできるようになるのか、不動産会社さんに任せることができるのか、運用の割合が低い（資産性の高い）不動産に組み替えるのか、お子さんと話し合うしか解決策は見つかりません。

お子さんの状況に合った、適正な不動産を選定して残してあげることが、事業承継では必要なのだと思います。

（4）自主管理大家の事業承継の落とし穴

自主管理をしている大家さんは注意した方がよいです。

「管理会社は自分の思うように動いてくれない」「管理会社を入れると管理費で取られてしまうので、お金が残らなくなってしまう」といって、管理会社に頼まずに、自分で管理している方が多くいます。

確かにそのとおりの部分があります。

しかし、それは現状だけを見た判断に過ぎません。

事業承継という視点で考えたときに、果たしてそれは正しい選択なのでしょうか。

自主管理をしている分、入金管理を毎月行って滞納があれば督促し、設備が壊れたという連絡を受け修理業者を手配する。そんな日々に追われてないでしょうか。

自分で管理をしているということは、そこに時間と労力を割かなければならないのです。

お子さんが同じようにできますか？

お子さん自身が別で仕事をしていて、そもそも時間が割けないという問題もあります。

さらに大家さん（ご自身）がやってきた自主管理のノウハウを伝えて、身につけてもらわないといけないのです。

お子さんに自主管理をしてもらわないといけないのであれば、管理会社にお願いするしかないのです。

できれば引き継ぐ前に、管理会社に依頼したいところです。

管理会社に頼んだ瞬間に、管理をすべて任せられる訳ではありません。

「どうやって管理しているのか」「契約書はどうなっているのか」「入居者さんはどのような属性の方なのか」など管理会社に引き継がなければならないのです。

時間をかけて伝えていく作業が必要です。

「自分でなくても管理ができる状態にしておく」という考え方が事業承継には必要なのです。

（5）資産の組換え、売却も選択肢に

管理会社に任せたとしても、運用の足りない部分が埋まらないこともあるでしょう。

その場合には、資産を組み換えるという方法があります。

不動産には、資産と運用の割合があると言いました。これは、今ある不動産を売却し、資産性が高い、つまり運用の割合が小さいものに買い換えるということです。好立地な不動産や築年数が新しくて手間がかからない不動産、運用を任せられる不動産です。

ご所有の不動産にこだわらなければ、選択肢はあるのです。

運用が足りないまま、無理にお子さんに引き継がせてしまっては、結局上手くいかずに、売却してしまうことになりかねません。

せっぱつまった売却は、安く買い叩かれる可能性が高いです。どうせ売却

することになるのであれば、高く売却できる時期を狙って売却する方がよいでしょう。

売却は、仕方なく売却するのと、狙って売却するのでは、結果が大きく違ってくることがあるのです。

もちろん不動産を買い換えずに、売却して現金で残してあげるというのも選択肢としてありでしょう。

お子さんとしっかりと話し合ってみてください。適正な不動産を選定して残してあげることが、事業承継では必要なのだと思います。

まずはご自身の不動産を分析して、お子さんを話し合う機会を持つことが肝要です。いずれと思っていたら、その機会を失います。思い立ったら行動することです。

（6）事業改善計画のススメ

お子さんに引き継いでもいいかなという気持ちが少しでも生まれたら、次のステップです。「どうやったら引き継ぎたくなる事業（資産）になるか」を話し合うことです。漠然とではなく、数字を使って具体的に話をします。

それには、事業改善計画を作成することをオススメしています。

事業計画とは現状の経営がこの先どうなっていくかを計画に表したものです。現状が続くとどうなるのかを前提に作ります。

事業改善計画は、現状から改善された経営になるとこの先どうなっていくかを計画に表したものです。改善されると今後どうなるかを前提に作ります。

【現状の事業計画】

(単位：千円)

経過年数	2018年 1	2019年 2	2020年 3	2021年 4	2022年 5	2023年 6	2024年 7	2025年 8
家賃収入	24,275	24,275	24,275	24,275	24,275	24,275	24,275	24,275
空室損失	0	0	1,214	1,214	1,214	1,214	1,214	2,428
NET家賃収入	24,275	24,275	23,061	23,061	23,061	23,061	23,061	21,847
租税公課	1,764	1,764	1,764	1,764	1,764	1,764	1,764	1,764
支払利息	2,012	1,912	1,811	1,708	1,604	1,498	1,391	1,283
減価償却	5,228	5,016	5,016	5,016	4,577	3,255	3,247	3,247
その他経費	5,702	5,702	5,702	5,702	5,702	5,702	5,702	5,702
青給特別控除	650	650	650	650	650	650	650	650
不動産所得	8,919	9,231	8,118	8,221	8,764	10,192	10,307	9,201
その他所得								
所得控除	4,060	4,060	4,060	4,060	4,060	4,060	4,060	4,060
課税所得	4,859	5,171	4,058	4,161	4,704	6,132	6,247	5,141
現状の個人の税金								
全体税金（所得税、住民税）	1,042	1,137	798	829	995	1,429	1,464	1,128
その他所得に係る税金								
不動産所得に係る税金	1,042	1,137	798	829	995	1,429	1,464	1,128
事業税	333	349	293	299	326	397	403	348
個人税金合計	1,375	1,486	1,091	1,128	1,321	1,826	1,867	1,476
現状の個人のCF								
収入	24,275	24,275	23,061	23,061	23,061	23,061	23,061	21,847
支出（借入金を除く）	7,466	7,466	7,466	7,466	7,466	7,466	7,466	7,466
借入金返済	9,671	9,671	9,671	9,671	9,671	9,671	9,671	9,671
税金（所得税、住民税）	1,375	1,486	1,091	1,128	1,321	1,826	1,867	1,476
手残り	5,763	5,652	4,833	4,796	4,603	4,098	4,057	3,234

【改善後の事業計画】

(単位：千円)

経過年数	2018年 1	2019年 2	2020年 3	2021年 4	2022年 5	2023年 6	2024年 7	2025年 8
家賃収入	26,794	26,794	26,794	26,794	26,794	26,794	26,794	26,794
空室損失	0	0	1,340	1,340	1,340	1,340	1,340	2,679
NET家賃収入	26,794	26,794	25,454	25,454	25,454	25,454	25,454	24,115
租税公課	1,764	1,764	1,764	1,764	1,764	1,764	1,764	1,764
支払利息	2,030	1,953	1,876	1,797	1,717	1,636	1,554	1,471
減価償却	5,228	5,016	5,016	5,016	4,577	3,255	3,247	3,247
その他経費	5,414	5,414	5,414	5,414	5,414	5,414	5,414	5,414
青給特別控除	650	650	650	650	650	650	650	650
不動産所得	11,708	11,997	10,734	10,813	11,332	12,735	12,825	11,569
その他所得								
所得控除	4,900	4,900	4,900	4,900	4,900	4,900	4,900	4,900
課税所得	6,808	7,097	5,834	5,913	6,432	7,835	7,925	6,669
現状の個人の税金								
全体税金（所得税、住民税）	1,635	1,727	1,338	1,362	1,520	1,974	2,004	1,592
その他所得に係る税金								
不動産所得に係る税金	1,635	1,727	1,338	1,362	1,520	1,974	2,004	1,592
事業税	473	487	424	428	454	524	529	466
個人税金合計	2,108	2,214	1,762	1,790	1,974	2,498	2,533	2,058
現状の個人のCF								
収入	26,794	26,794	25,454	25,454	25,454	25,454	25,454	24,115
支出（借入金を除く）	7,178	7,178	7,178	7,178	7,178	7,178	7,178	7,178
借入金返済	7,897	9,671	9,671	9,671	9,671	9,671	9,671	9,671
税金（所得税、住民税）	2,108	2,214	1,762	1,790	1,974	2,498	2,533	2,058
手残り	9,611	7,731	6,843	6,815	6,631	6,107	6,072	5,208

2026年	2027年	2028年	2029年	2030年	2031年	2032年
9	10	11	12	13	14	15
24,275	24,275	24,275	24,275	24,275	24,275	24,275
2,428	2,428	2,428	2,428	3,641	3,641	3,641
21,847	21,847	21,847	21,847	20,634	20,634	20,634
1,764	1,764	1,764	1,764	1,764	1,764	1,764
1,173	1,062	950	835	720	603	484
3,247	3,158	3,092	3,092	3,086	3,059	3,029
5,702	5,702	5,702	5,702	5,702	5,702	5,702
650	650	650	650	650	650	650
9,311	9,511	9,689	9,804	8,712	8,856	9,005
4,060	4,060	4,060	4,060	4,060	4,060	4,060
5,251	5,451	5,629	5,744	4,652	4,796	4,945
1,161	1,222	1,276	1,311	979	1,022	1,068
1,161	1,222	1,276	1,311	979	1,022	1,068
353	363	372	378	323	330	338
1,514	1,585	1,648	1,689	1,302	1,352	1,406
21,847	21,847	21,847	21,847	20,634	20,634	20,634
7,466	7,466	7,466	7,466	7,466	7,466	7,466
9,671	9,671	9,671	9,671	9,671	9,671	9,671
1,514	1,585	1,648	1,689	1,302	1,352	1,406
3,196	3,125	3,062	3,021	2,195	2,145	2,091

2026年	2027年	2028年	2029年	2030年	2031年	2032年
9	10	11	12	13	14	15
26,794	26,794	26,794	26,794	26,794	26,794	26,794
2,679	2,679	2,679	2,679	4,019	4,019	4,019
24,115	24,115	24,115	24,115	22,775	22,775	22,775
1,764	1,764	1,764	1,764	1,764	1,764	1,764
1,387	1,302	1,216	1,129	1,040	950	860
3,247	3,158	3,092	3,092	3,086	3,059	3,029
5,414	5,414	5,414	5,414	5,414	5,414	5,414
650	650	650	650	650	650	650
11,653	11,827	11,979	12,066	10,821	10,938	11,058
4,900	4,900	4,900	4,900	4,900	4,900	4,900
6,753	6,927	7,079	7,166	5,921	6,038	6,158
1,618	1,671	1,721	1,750	1,365	1,400	1,437
1,618	1,671	1,721	1,750	1,365	1,400	1,437
470	479	486	491	429	434	440
2,088	2,150	2,207	2,241	1,794	1,834	1,877
24,115	24,115	24,115	24,115	22,775	22,775	22,775
7,178	7,178	7,178	7,178	7,178	7,178	7,178
9,671	9,671	9,671	9,671	9,671	9,671	9,671
2,088	2,150	2,207	2,241	1,794	1,834	1,877
5,178	5,116	5,059	5,025	4,132	4,092	4,049

【事業改善前後の手残り推移】

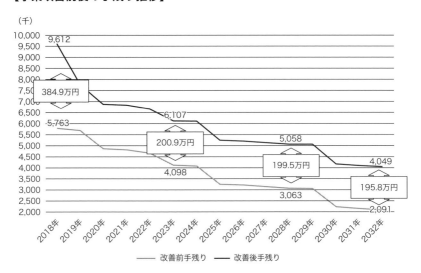

改善前手残り ―― 改善後手残り

【手残り累計の差額】

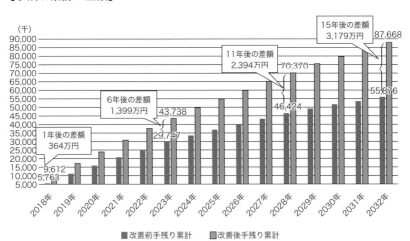

■改善前手残り累計　■改善後手残り累計

これを見せると、お子さんの方から「なぜ改善ができるの？」と聞かれると思います。そうしたら、「改善策を知っているからだ」と答えればよいのです。

キャシュフローを改善する方法は３つしかありません。

① 収入を上げる、② 支出を削減する、③ 税金を抑える

具体的な方法は第３章でお伝えしたとおりですので、それを伝えてあげればよいのです。

そして、お子さんにこう言うのです。

「一緒に改善を手伝ってくれないか？」

「親子で事業改善計画を立て、実行する」ことこそが本当の事業承継だと思うのです。

まだ、賃貸経営の経験が未熟なお子さんに親が教えてあげながら、実際に経営させてみせ、実際に賃貸経営が改善していくところを見せれば、興味も湧き、引き継ぎたいと思うようになるのです。

そして、同時に問題解決のスキルを身につけさせることができます。これが身につけば考え方がポジティブになり、「自分にもできるかも」という自信に繋がります。

事業承継では、いくら口でいっても、思いや理念は伝わりません。

これらは実際に経験していかないとわからない部分でもあります。お子さん（承継者）に実際に賃貸経営を経験させることが重要なのです。

このことは実は一般の中小企業の事業承継で推奨されていることでもあります。「事業の磨き上げ」という言葉を使っていますが、これは事業改善計画と同じです。

中小企業の事業承継に力を入れている中小企業庁が発行するパンフレットにも、事業承継の親子のこんなやり取りが載っています。

（出典：会社を未来につなげる 10 年先の会社を考えよう（中小企業庁））

（7）事業改善計画で伝えること

　お子さんに伝えるべきことは、経営力です。

　経営力とは何でしょうか？

　私は、「決断」して「実行」して「検証」して「改善」する力だと思っています。

　ビジネスでも重要と言われる『PDCA サイクル』は聞いたことがあるでしょうか？ PDCA サイクルとは継続的に業務を改善する方法で、それぞれの頭文字を取っています。

　P＝PLAN（計画）

　D＝DOCKER（実行）

　C＝CHECK（検証）

　A＝ACTION（改善）

　まさにこのサイクルを回していけるかです。

　賃貸経営は立地が外れてなければ（需要がある程度ある立地であれば）、この PDCA サイクルを回せられれば、失敗はしないと思っています。

　これは賃貸経営ではなく、あらゆる業務で重要です。

　成功者は例外なく、PDCA サイクルを当たり前のように実践しています。

若いうちからこの力が身に着けられれば、賃貸経営だけでなく、勤務先の仕事、自分で起こすビジネスにも役立ちます。

PDCAサイクルで重要になってくるのが、検証です。

正しい検証ができるかどうかで、改善内容が変わってきます。

正しい検証をするためには、感覚ではダメです。数値で客観的に測れるものでなくてはいけません。ですので、事業計画を毎年毎年見直すことが必要です。

この数値を読み取れ、何を改善していけばよいかを仮説を立てて、改善できることをやっていくのです。

○ 事業計画を毎年見直す
○ 事業計画から改善点を探す
○ 改善を実行する
○ 検証して改善を修正する

繰り返し行うことでどんどん上達していきます。

この感覚をお子さんに身に着けさせることが大事なのです。

(8) 長期修繕計画のススメ

事業改善計画を実施することだけでは終わりません。

キャッシュフローは改善しても、築年数が古いと、この先修繕費や建替えでどれだけお金がかかるのかという不安が拭えません。

建物のメンテナンス、大規模修繕など、先代オーナーがしてこなかったしわ寄せは、全て承継者に行きます。承継者にその負担を負わせてしまうと、承継したくない、売却してしまおうという気持ちになってしまいます。

そのためには、今後の修繕費用の計画（長期修繕計画）の作成、修繕積立金の捻出が必要になります。

長期修繕計画の必要性は第2章でお伝えしたとおりです。その計画を基に実際に修繕積立金を積み立てていくところを見せて、安心させてあげる必要

があります。

　修繕積立金をいかに効率よく貯めることができるのでしょうか。

　修繕積立金は、一切経費にならない^(注)ので効率よく積み立てられません。経費にならないということは、税金を払った後のキャッシュから積み立てることになるからです。ただでさえ、少なくなっている手残りの中から、経費にならない支出を出すというのは、なかなかできることではないでしょう。

(注) 下記の４つの要件に該当する場合にのみ、支払った時点で修繕積立金を経費にすることができます。

> ・　区分所有者が、管理組合に対して修繕積立金の支払義務を負うこと
> ・　管理組合は修繕積立金について、区分所有者への返還義務を有しないこと
> ・　修繕積立金は、将来の修繕等のためにのみ使用され、他へ流用されるものでないこと
> ・　修繕積立金の額は、長期修繕計画に基づき各区分所有者の共有持分に応じて、合理的な方法により算出されていること

　（注）は一般的な分譲マンションの修繕積立金を想定しています。アパートやマンションなどの共同住宅はあてはまらず、経費にすることは難しいです。

　しかし、修繕積立金そのものを経費にすることはできませんが、それに替わる掛金や保険料を経費にすることは可能です。これらを使って効率よく修繕積立金を貯めることは可能です。

①　個人で賃貸経営をしている場合

　小規模企業共済を利用します。

　小規模企業共済は、掛金（月額最大７万円）が全額所得控除になります。この掛け金は、積み上がっていきますので、これを修繕積立金として利用します。実際に、修繕するときには、解約をすると戻ってきます（一時所得などになって税金はかかります）。

　なお、納付月数が240月（20年）未満の場合には、掛金合計額を下回るので、ご注意ください。目減りはしますが、掛金を払うときに節税になってい

るので、トータルで損にならないようにコントロールすればよいのです。

　掛金納付月数が 12 か月（1 年）以上 84 月（7 年）未満の場合は 80％、84 月から 6 月単位で支給率が段階的に増加し、240 月（20 年）以上 246 月（20 年 6 月）未満では支給率 100％、以降段階的に増加し、最高で 120％となります。

②　法人で賃貸経営をしている場合

　セーフティー共済を利用します。

　掛金として支払った全額（月 20 万円まで）が必要経費（損金）となり、解約した場合に、解約手当金が受け取れます。

　40 か月以上掛金をかければ、解約手当金の支給率は 100％になります。

　そして、100％になる支給率のときに、大規模修繕を行うようにします。支給率が 100％になれば、その後はいつ解約しても 100％は変わりません。

　ただし、掛金総額 800 万円までが積立限度額で、それ以上の金額はかけられません。

　なお、解約手当金は、全額収入になります。大規模修繕などの経費になる部分（損失）とぶつけることによって、税金を抑えることが可能になります。

　その他、生命保険などを利用する場合が考えられますが、2019 年以降、保険料を全額損金に計上することが難しくなったため、節税の効果が薄くなっている場合があります。保険の選定にはご注意ください。

新しい修繕積立金の積み立て方

(1) 賃貸住宅修繕共済制度

修繕積立金が経費にできる賃貸住宅修繕共済制度があります。

令和3年11月国内で初めて国から認可された賃貸住宅修繕工事に備えるための共済制度です。

分譲マンションの修繕積立金が経費になる要件を参考にするということで、その要件に注意点があります。

① 制度の要件

(ⅰ) 対象となる建物の築年数

木造（軽量鉄骨造を含む）の場合は、築30年以内です。それ以外（RC、重量鉄骨造など）は、築40年以内の建物でないと加入できません。

(ⅱ) 共済対象部位と限度額

共済対象は、外壁、屋根、軒裏に限られます（今後対象は拡大する予定です）。また、各部位の支払い限度額があります。

構造	外壁及び軒裏（m² 当たり）	屋根（m² 当たり）
木造	36,000 円	32,900 円
鉄骨造	45,600 円	43,700 円
RC または SRC	50,600 円	48,600 円

(ⅲ) 長期修繕計画の提出

加入にあたっては建物の長期修繕計画を策定し、長期修繕計画書（組合所定）を提出する必要があります。

②　制度のメリット

（ⅰ）事業的規模問わず全額経費計上が可能

　個人で事業的規模未満の家主は、小規模企業共済に加入できませんので、修繕積立金の手当てが難しかったのです。事業的規模未満でもこの共済に加入することできます。

（ⅱ）火災修繕共済がついてくる

　修繕のときだけではなく、火災、落雷など（地震などの災害は除く）で建物に損害が生じた場合、1回につき30万円を限度に共済金が払われます。

（ⅲ）共済金請求権を相続や売却で引き継ぎが可能

　相続前での加入や、売却を検討している物件でも、掛け金が無駄にならないため、安心して加入できます。

③　制度のデメリット

（ⅰ）事前に修繕してからでないと加入できない

　対象となる建物に既に劣化事象が発生している場合には、あらかじめ修繕しないと加入できないことになっています。加入前に多額の支出をしなければならない可能性があります。

（ⅱ）毎年事業費がかかる

　払込済共済掛金の総額からシステム利用料等として事業費が控除されます。積立期間中かかってくるため、総額でどのくらいの事業費になるか検討が必要です。

（ⅲ）途中解約ができない

　期中での解約や満期による返戻がありません。修繕で利用する以外の使い道はできないことに注意が必要です。

（ⅳ）業者の指定できない

　業者は家主自身が選べないということです。

　相見積もりが取れなければ修繕費が高くなってしまう可能性があります。また、共済金は修繕をした業者に直接払われることになるため、掛金目一

杯工事費に充てられてしまうのではないか懸念されます。

④　加入にあたって注意するべきこと

　共済金が経費になるのは魅力ですが、加入にあたっては慎重に判断した方が良さそうです。

　以下の点を確認してみてください。

○　指定業者がどこになるのか、ある程度選択肢があるのか代理店に確認すること

○　長期修繕計画を実施する工事業者と正確に作らないと、無駄に多く掛金かけることになるため、余った掛金が戻らないことを前提に計画すること

○　節税よりもコストアップにならないかの検証が必要

　加入にあたっての修繕の支出や、共済金から控除される事業費の支出があります。また指定業者が選べないことによる修繕費のコストアップの可能性あります。節税にとらわれず、金額的に得になるのか検証した方がよいかもしれません。

（2）定額制修繕サービス

　修繕積立金のもう一つの選択肢として定額制修繕サービスについても触れたいと思います。

　定額制修繕サービスとは、15年程度の期間の修繕計画を立てて、その総額を毎月分割して支払う仕組みです。15年間の期間の最終で、実施した修繕工事と支払い総額が一致することになっています。

　一言でいうと、「大規模修繕の分割払いサービス」です。

　最近、何社か定額制修繕サービスを行うところが出てきました。

　各社によって若干サービス内容が異なるかと思いますが、代表的なもので解説していきます。

① 月々の支出は経費になるか？

　サービス提供をしている会社の中には「月々支払う費用は全額経費として計上することができます」と言っているところもありますが、私の個人的な見解としては、「経費にならない」と考えています。

　会計上のルールに「発生主義」というものがあります。

　これは、『金銭のやり取りに関係なく取引が発生した事実に基づいて、その事実が発生した時点で収益と費用を認識する』という考え方です。

　発生主義では、実際に修繕が発生していないのに費用計上することはできませんし、修繕が発生したにもかかわらず、費用計上しないこともできません。

　もし支払い金額が経費計上できてしまうと、容易に経費計上の時期がコントロールできてしまい、意図的に節税することも可能になってしまいます。

　支払金額を前払金（資産）として計上し、工事を実施した都度、実施した工事費用分を修繕費（経費）に振り替えることになろうかと考えます。

② メンテナンス費用として経費計上できる？

　「経費計上できる」という見解では、メンテナンスは実施しており、メンテナンスの範疇で修繕を行っているため、メンテナンス費用として経費計上できるといいます。

　しかし、メンテナンス費用と修繕費の金額の比率を考えると修繕費の部分が圧倒的に多く占めると思います。

　実際にメンテナンスをしているのであれば、その部分の金額を区分できれば、区分したメンテナンス費用を経費計上することは可能かと思います。

　しかし、現実的に区分ができなければ難しいと考えます。

③ 定額制修繕サービスのメリット

　経費化ができなくても、このサービスのメリットはあります。

（ⅰ）先行して工事を行ってくれる

　支払った金額に関係なく先行して工事をおこなってくれるところがあります。大規模修繕するお金が貯まっていなくても実施できるのは、空室対策にも役立ちます。

　この場合、お金を払ってなくても実施した分の工事費を経費計上できることになります。

（ⅱ）大規模修繕支出が見える化する

　修繕計画がないと、いつどんな修繕がいくらかかるかわかりません。将来のキャッシュフローが見えないことが不安につながります。

　いくらお金がかかるかわからなければ、設備などにいくらお金を投資して良いかもわかりません。これでは賃貸経営は良くならないのです。

　毎月の支出が固定されていれば、事業計画が立てやすく、お金の管理ができるのです。

（ⅲ）費用が抑えられる可能性がある

　毎年メンテナンスをしながら修繕計画を立てるため、効率を考えた修繕が可能です。例えば、なるべく職人の閑散期に、長目の工期で、実施することでコストを抑えられることに繋がります。

　小規模企業共済、セーフティ共済、賃貸住宅修繕共済、定額制修繕サービスを紹介してきました。それぞれのメリット・デメリットを考えて積立を考えてください。

【修繕積立金制度の比較（2022年時点）】

制度	賃貸住宅修繕共済制度	小規模企業共済	セーフティ共済	生命保険	定額制修繕サービス
対象者	個人（事業的規模問わず）・法人	個人（事業的規模）	法人	法人	個人（事業的規模問わず）・法人
掛金上限	修繕計画による	月7万円（積立上限なし）	月20万円（積立上限800万円）	上限なし	修繕計画による
経費上限	なし（100％経費）	なし（100％所得控除）	なし（100％経費）	保険種類に応じて一部経費	経費なし
解約による受取り	不可	可能（12か月以上納付が条件）240ヶ月以上納付で100％	可能（12か月以上納付が条件）40ヶ月以上納付で100％	可能（保険種類と年数に応め、受取りはない。解約は年数に応じて金額変動）	概ね先行工事しているため、受取りはない。解約は先行実施した工事費用分のみ支払えば可能。
受取り時課税	なし	あり（一時所得、退職所得）	あり（100％収入）	あり（資産計上との差額を収入）	なし
修繕対象	修繕対象外壁、屋根、軒裏のみ	なし	なし	なし	サービスによる
業者指定	あり	なし	なし	なし	あり

07 承継者の選定

　誰を承継者に選定したらよいのでしょうか。

　昔は家督相続といって、家長が相続することが習わしでした。今は平等相続が基本です。長男でも次男でも次女でも三女でも平等という考えです。

　しかし、その結果世の中はどうなったのかというと、相続争いが増加しました。

　平等という考えを否定するつもりはないですが、それと事業承継は別で考えるべきだと思っています。事業を守ることを優先するなら、法定相続分にとらわれない方がよいのです。

　一般の事業を例に考えてみてください。

　長男に引き継がせようと、会社経営に参画させてやってきたところを、相続を機に、専業主婦をしていた長女に会社を任せることをしますか？

　通常であれば、しないと思うのです。会社の経営を理解している長男に引き継がせるべきと皆が思うでしょう。もし、途中で長男に会社を任せる器がないことがわかれば、長女が会社経営に携わるように働きかけるでしょう。

　賃貸物件を平等に分け合うということは、それを無視してやっていることと同じです。

　賃貸経営もしっかりと承継者を選んで引き継ぐべき人を決めるべきです。

　この物件は長男、この物件は長女というように承継者が複数でも構いません。その場合は、長男にも長女にも事業承継の準備期間を与える必要があります。

　また、長男だからといって、承継者に選ぶ必要はありません。長男が賃貸経営に興味を持つとも限りません。何よりも大きな責任や借金を背負う可能性があるため、「経営をやり遂げる力がある人」を選ぶべきと考えます。

　そのために事業改善計画を実施させる中で適正があるかどうかを見極める必要があるのです。

そして、できるだけ早く決めた方がよいです。「誰に何を相続させるのか」を決めないと、次の相続対策ができません。

　例えば、長男に不動産、次男に現預金で分けることを決めた場合、次男に渡す現金が足りないことがよくあります。もっと前に分け方を決めていれば、現金を増やしたり、貯めたりすることができたのに、その決断を先送りにしたばかりに、それができていなかったというケースです。

　逆をいえば、これが決まるまでは、安易に、現金を使うような相続対策はすすめられないことになります。

　方向性が決まれば、事前の対策が打てます。決まらないから対策が打てなかったり、後手後手の対策になったりするのです。

　承継者を決めなければ対策の方向性が決められないことを絶対に覚えておいてください。

承継計画の作成

(1) 承継計画の作成

　承継者が決まったら、次にすることは承継計画の作成です。

　承継者が決まれば相続対策を打てます。その対策をいつ、どのような方法で等、具体的に決めていくのが承継計画です。

　相続や事業承継の対策は、相当数があります。しかし、その対策が有効かどうかは、それぞれの家族構成、背景、関係性などによって異なります。

　何を優先させるのかを決めなければなりません。最終的なゴール（事業承継）をイメージしないと、何を優先させるかが見えてきません。闇雲に対策をすると失敗する可能性があるのです。

　そのために計画を立てる必要があります。

(2) 承継の方法とタイミングを決める

　事業承継とは、具体的にどのように行うのでしょうか？　その方法としては、大きく3つあります。

①　相続

　相続によって、賃貸物件をはじめとする経営を承継します。

　相続によって引き継ぐ場合、名義を変更するための登録免許税が低い税率（固定資産税評価額×0.4％）で設定されていて、不動産取得税がかからないという点で、他の方法よりも費用が安くなる場合が多いです。

　しかし、ご自身が亡くなってから承継することになるため、遺言書で相続争いが起きないように準備しておいたり、認知症対策などの事前準備が必要になります。

②　生前贈与

　賃貸物件を生前に、お子さんなどに贈与して、賃貸経営を任せる方法です。

　多額の贈与については高額な贈与税がかかってきますので、贈与税が高くならないように建物だけを贈与するという方法もあります。

　相続時精算課税制度を利用することで、2,500万円まで贈与税がかからなくなります（相続時に相続税の課税対象になる）。2,500万円を超える贈与は、超えた部分について20％の贈与税がかかります（支払った贈与税は相続税から控除）。

　贈与する賃貸物件の入居者から敷金などを預かっている場合には、その敷金相当額の現金を一緒に贈与をして負担付贈与にならないようにするなど注意点が多いため実行する際は専門家に相談して下さい。

　基本的には、相続税がかからない人に相続時精算課税制度を利用して贈与するのが向いていると考えます。

③　法人化

　後継者がまだ決まっていなかったり、お子さんなどの承継者がまだ小さくて、完全に賃貸経営を任せるのが不安という方には、賃貸経営を法人化するという方法があります。

　具体的には、同族法人を設立して、賃貸物件を売買などにより法人に移転させてしまいます。当初は、オーナーが代表者になって経営しますが、時期が来たら、お子さんを役員に加えておくのです。

　実際に、賃貸管理などの実務的な仕事をしないまでも、経営判断をする場に参加させるだけでも、「賃貸経営とは何か」が身に付きます。徐々に賃貸経営を任せて、最終的に代表を譲っていきます。

　法人化することでコストがかかりますが、節税ができるため、所得が多い人に向いている方法です。

(3) 承継者への教育

　実際に承継者に少しずつ権限を与え、賃貸経営を教えていきましょう。不動産会社との打ち合わせに同席させるなど、賃貸経営を体感させることから始めるのがおすすめです。

　真の事業承継をするためには、「経営とはどういうものか」をお子さん（承継者）に伝えることが必要です。生前のうちから賃貸経営をお子さんに経験させ、相続してもスムーズに経営できるようにしてあげましょう。

　それには、上記（2）③の法人を使っての事業承継対策がやりやすいです。

　具体的には、会社組織を作り、お子さんを役員に加えておき、役員にすることで、無理やり、賃貸経営に巻き込むのです。

　役員（株式会社の場合には取締役）にすることで、会社法上の責任が生じます。「あなたは、役員として、会社の資産を守る義務がある」と目に見える形で現実化すれば、「自分が何とかしなければ」と自覚が生まれます。

　「賃貸経営とは何か」「どう経営すればよいのか」を自分事として考えさせることが本当の事業承継だと思うのです。

　一方、役員に入れることで、事業承継が上手くいかないケースがあります。

　そのお子さんが、役員報酬を当然のようにもらい、経費を自由に使えるという感覚になってしまう場合です。特に社会人経験がない場合には「苦労しなくてもお金を手にする方法がある」とか、「会社のお金の使いみちを自分の好きなように決められる」などという勘違いをしてしまいがちになります。

　これでは、役員に入れたことが、悪影響となってしまいます。これを防ぐためには、しっかりと教育していきましょう。

　　・　賃貸経営の大変さ
　　・　「決断すること」と「責任」は背中合わせであること
　　・　賃貸経営はどうやって収入を得ているのか
　　・　誰を喜ばせないといけないのか

　これは承継する側の務めです。この教育ができるかどうかが、事業承継が

上手くいくか否かなのです。

（4）承継しない人への手当て

　法定相続分にとらわれない場合には、承継しない他の相続人への配慮が必要になります。

　不動産を相続しない相続人には、代わりの財産（現金など）があれば、それを渡す必要があります。

　これは相続までに時間があればあるほど対策が打てます。基本的には賃貸経営から生み出すキャッシュから捻出しようとすると時間がかかるからです。

　繰り返しになりますが、賃貸経営は（キャッシュフロー）が右肩下がりのビジネスモデルです。年々手残りが減っていく中で、代償金となるキャッシュを準備しておかないといけないのです。

　なお、承継する側がキャッシュを貯めると、その貯めたキャッシュに相続税がかかってきてしまい、キャッシュが目減りしてしまいます。

　目減りさせないためには、キャッシュを承継する側（相続人）に貯める必要があります。その方法は下記などがあります。

　相続人に貯めるキャッシュには相続税はかかってきません。

　相続が発生したら、承継する相続人から承継しない相続人に代償金で渡すという手順で行います。

【承継する側でキャッシュを貯める方法】

①　承継させる側（被相続人）から現金を毎年生前贈与を受ける

②　法人化をして賃貸収入を法人で受けるようにし、承継する側（相続人）を役員に入れて役員報酬を渡す（役員報酬は所得税・住民税・社会保険がかかることに注意）

　もし、キャッシュを貯める時間がなければ、生命保険に加入し、保険金を代償金として渡すという方法もあります。

　保険金は相続財産ではなく、受取人の固有の財産と解されています（みな

し相続財産として相続税の課税対象になる）。保険金の受取人を承継する人（相続人）に指定し、保険金を受け取ります。その受け取った保険金を、承継しない相続人に代償金として支払うのです。

では、どのくらいの金額を代償金として用意すればよいのでしょうか？

承継しない人が納得する金額であればいくらでもよいというのが答えです。

しかし、それは相続してみないとわからない部分でもあるので（事前に伝えていても相続のときに心変わりしていることもよくある）、遺留分程度は準備しておきたいところです。

遺留分とは、相続人が最低限の遺産を確保するために設けられた期待権で、遺言書で遺産分割が指定された場合、遺留分を下回る財産金額しか相続できなかった場合、遺留分を満たすまでの金額は他の相続人に遺留分減殺請求により金銭を要求することができます。

【遺留分】

① 配偶者や子が相続人になる場合は、法定相続分×2分の1

② 相続人が直系尊属のみの場合は、法定相続分×3分の1

③ 被相続人の兄弟姉妹には遺留分はありません

---

(5) 認知症への対策

相続で事業承継をする場合や、生前贈与や法人化をする場合でもタイミングがまだ先のときには、認知症対策が必要になります。

具体的な対策は第3章07に記載がありますので、どのような対策をするべきかを決め、事前準備をしておく必要があります。

第7章
生前にしておくべき相続対策

【生前に準備が必要な相続対策フローチャート】

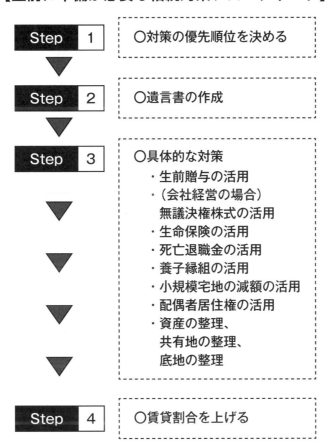

Step 1 ○対策の優先順位を決める

Step 2 ○遺言書の作成

Step 3 ○具体的な対策
- ・生前贈与の活用
- ・（会社経営の場合）
  無議決権株式の活用
- ・生命保険の活用
- ・死亡退職金の活用
- ・養子縁組の活用
- ・小規模宅地の減額の活用
- ・配偶者居住権の活用
- ・資産の整理、
  共有地の整理、
  底地の整理

Step 4 ○賃貸割合を上げる

01 相続対策は 税金対策だけではない

　相続対策というと、相続税を下げる対策が真っ先に浮かぶかと思いますが、実はそれだけではありません。

（1）一般的には、税金対策、納税対策、争族対策の３つ

① 税金対策

　いかに相続税を下げるかという対策になります。遊休地にアパートを建てて、相続税の評価が下げるなどです。

② 納税対策

　相続税の納税資金をいかに確保するかという対策です。

　相続税は、原則現金一括納付です。延納（分割払い）や物納（金銭以外の物で収める）という制度はありますが、適用できるかは要件をクリアしなければなりません。

　相続税の納税期限は、相続開始から10か月以内です。納税できなくなる事態にならないように事前の準備が必要なのです。

③ 争族（あらそうぞく）対策

　相続争いが起きないようにするための対策です。

　不動産を共有で保有する場合、共有者の意見が異なると、不動産の活用ができず塩漬けになってしまいます。共有にならないようにすることも重要です。

　事業の承継者を決める、遺言書を書いておく、承継者以外の代償財産を用意しておく、などがあります。

（2）まずは争族対策から始める

この３つの対策は、どれも重要ですが、一番何を優先にすればよいでしょうか？

私は、「争族対策」だと思っています。税金を下げたところで、相続争いが起きてしまえば、元も子もありません。

遺産分割協議がまとまらないと、未分割という状態になり、相続税を減額する制度が使えません。つまり、相続税が高くなるのです（未分割でも相続税の申告・納税は必要）。

また、相続争いが発展し、裁判にまでなると、裁判費用や弁護士費用が高くつきます。何よりも時間的、精神的に浪費することになるのです。

まずは、争いがないように対策をするべきです。そして、それは被相続人の役目だと思っています。相続人たちでは、「どのように分けるのがよいのか。誰を承継者にするべきなのか」を決められるわけがないのです。自分の財産の行く先を決められるのは、被相続人本人（親）しかいないのです。

相続が発生してからでは手遅れです。まずは「争族対策」から始めていきましょう。

⌨02 争族にしないための遺言書の作成

（1）遺言書は遺産を残す人の責務

　事業承継対策には遺言書は役に立たないと前述しました。しかし、相続争いを防ぐためには絶対に遺言書は必要と考えます。

　私は、遺言書を書くことは、財産を残す側の義務と思っています。

　なぜ相続争いが起きるかというと、法律上は、子（などの同一順位）が複数いる場合には、平等という考えがあります。

　しかし、生前に贈与を受けている、特別に目をかけて育てられた、長年介護をしていた、などこれまでの経緯を無視して平等といわれることに納得がいかない相続人は多いと感じます。

　もちろん、法律に従わなくてもよいです。遺産分割協議、つまり、相続人間の合意によって配分を決めることは自由です。しかし、相続人それぞれの思惑があることで、なかなか協議がまとまらないことも多いのです。法律上平等の立場の人が、話し合って、優劣を決めることはそもそも困難なのです。

　やはり、財産を残す側が、分け方の方針を決めてあげるべきです。

　基本的には財産をどう処分しようが、所有者の自由です。所有者が財産の行き先を決めておくことが、争わないための一番の方策なのだと思います。

（2）遺言書がないと預金が下ろせないことがある？

　現実問題、遺言書がないと困る事態が起こりえます。

　平成28年12月19日最高裁判決で衝撃的な判断がされました。

　「共同相続された普通預金債権、通常貯金債権及び定期貯金債権は、いずれも相続開始と同時に相続分に応じて分割されることはなく、遺産分割の対象となるものと解するのが相当である」というものです。

　過去の判例においては、「預金債権については、相続開始と同時に当然に

相続分に応じて分割され、各共同相続人の分割単独債権となる」とされていました。

　つまり、預金は遺産分割の対象ではないということです。その上で、実務では、預金についても遺産分割の対象とする合意がある場合には、対象とすることができるとの例外を認めていました。

　それが今回の判例で、遺産分割の対象とすることに変更されたのです。それを受けて、金融機関では、遺産分割協議書がないと、払戻しに応じることができない状況になりました。

　つまり、相続人の合意ができないと、預金は一切下ろせないことになります。

　それでは、葬式費用も下ろせなくなるし、相続人の生活費に充てられなくなって困る事態が起こりえます。

　そこで2019年7月1日からの改正で、下記のいずれか少ない金額まで引き出せるようになりました。

- ・　各口座ごとに、預金額×3分の1×払戻しを行う相続人の法定相続分
- ・　同一の金融機関（複数の支店に口座があっても全支店）からの払戻し上限150万円

　また、家庭裁判所に申し立てることによって、生活費など必要性がある場合には、単独で払戻しが可能になる手続きも用意されています。

　必要最低限のお金は下ろせるようになったものの、（遺産分割ができなければ）大部分は下ろせないことには変わりありません。もし相続するアパートやマンションで大規模修繕の資金が必要になっても、相続財産の預金が使えない可能性が出てきます。

　遺産分割で揉めないようにと願っていても、なかなか難しい話かもしれません。事前に遺言書を準備しておけば、遺産分割協議書は必要ありません。

　預金を確実に下ろせるようにするためにも遺言書は必須なのです。

(3)「新」自筆証書遺言

　令和2年7月10日から自筆証書遺言の法務局による保管制度が開始されました。

　この制度は、自筆証書遺言を法務局で保管してくれるものです。費用は、1通につき3,900円で何年間でも保管してくれます。

　この制度を利用することにより、検認手続が不要になります。

　検認とは、相続があった場合、遺言書の存在に気づいた相続人が、家庭裁判所を通じて、他の相続人に対し遺言の存在及びその内容を知らせ、遺言書の形式要件が充たされているかなどを、相続人全員の立ち会いのもと行う手続きです。

　今までは、公正証書遺言のみ検認手続が不要とされていました。公証人が作成する遺言書なので形式要件は充たされていると判断できるからです。

　今回、法務局で保管する自筆証書遺言についても、法務局が形式を確認することによって検認が不要になりました。

　公正証書遺言の作成には、財産額に応じて金額が変動し、だいたい10万円以上の手数料が取られます。それに比べると費用の安い、法務局で保管する自筆証書遺言が公正証書遺言と同じく検認が不要になるのは、ありがたいことです。

　さらに、平成31年1月13日から自筆証書遺言の形式が緩和されています。

　自筆証書遺言は、全文自分で書かなければ遺言書の効力がないという形式のものですが、民法が改正されて、財産目録をワープロなどによる記載や登記事項証明書、通帳のコピー添付でも有効とされることになりました。

(注) ただし、本文、例えば「○○に別紙1記載の資産を相続させる」という記載は、今までとおり自筆で書かなければならないので、ご注意ください。全てワープロではダメなのです。

　費用も安く、簡単に自筆証書遺言が作れるようになっています。これなら何度も書き直してもよいと思える費用ですので、とりあえず書いてみるという気持ちにもなるのではないでしょうか。

（注）書き直した場合は、最新の遺言書が有効となります。

　これをきっかけに遺言書を書く人が増えることを期待します。

【遺言書の比較表】

遺言種類	公正証書遺言	秘密証書遺言	（旧） 自筆証書遺言	（新） 自筆証書遺言
作成者	公証人	本人（代理可）	本人	本人
自筆の要否	不要	署名部分は必要	財産目録を含め全文必要	本文のみ必要（財産目録は不要）
公証人の関与	公証人に内容を伝えて、公証人が作成	公証人に存在のみ証明してもらう	不要	不要
証人	２名（中身も確認する）	２名	なし	なし
保管	公証役場	本人	本人	本人
検認手続き	不要	必要	必要	不要
費用	公証人の費用（財産額に応じて設定）	公証人の費用（11,000円）	なし	1通3,900円
メリット	確実に遺言を残せる。検認不要。	費用が安い。	費用が安い。気軽に作成できる。	費用が安い。検認不要。
デメリット	費用が高い。内容を公証人に伝えられないといけない。	検認必要。	発見されない恐れあり。検認必要。	法務局は形式的なチェックしかしない。

03 生前贈与

　相続対策で１番のおすすめは生前贈与です。なぜかというと争族対策、納税対策、税金対策の全てを網羅できるからです。

(1) 税金対策としての生前贈与

　年間110万円以下の贈与であれば、贈与税がかかりません。

　生前贈与をすることによって、その財産が相続財産から外れるため、相続税がかからなくなるのです。毎年生前贈与をして、長い期間かければ、大きく相続税が節税できることになります。

　ただし、相続前３年以内に生前贈与したものは全て相続財産に加算されて、相続税の課税対象になりますので、贈与をした意味がなくなります（払った贈与税は相続税から引いてくれます）。つまり、直前に贈与をしても相続税の節税にはならないということです。

　相続間近に「対策をしなければ」と思っても手遅れになりかねません。早め早めにやるべきなのです。

　しかし、相続直前の生前贈与でも対策になる場合があります。

　それは、相続人以外に生前贈与する場合です。

　この３年以内の加算の規定は、相続人に対する贈与が対象になっています。相続人以外、例えば、相続人の配偶者（息子の嫁など）や孫に贈与をすれば、相続直前に贈与しても、相続税の課税対象にはならないということになります。

(2) 納税対策としての生前贈与

　現金を相続人に贈与しておくことで、その現金を納税資金としてプールしておくことができます。

　被相続人が納税資金として現金を貯めておくと、貯めた現金に対して相続

税がかかります。つまり、納税資金がその分だけ目減りしてしまうのです。

　相続人に相続開始前3年より前に生前贈与しておけば、相続税がかからずに、お金を貯めることができます。

　もし、相続人が若く、大金を持たせておくのが不安であれば、贈与したお金を、保険に加入することで保険料として、強制的にお金をプールしておくことが可能です。

　被保険者を被相続人にしておけば、相続時に保険金を受け取ることができ、納税に使えます。運用益によって掛金以上の保険金になる可能性があります。その運用益は、一時所得として受取人の所得税が課税されます。相続税は課税されません。

（3）争族対策としての生前贈与 ─承継人以外に対する生前贈与

　承継者以外の相続人に、現金を相続させようと思ったときに、現金を相続時まで保有していると、その現金に対して相続税がかかります。

　上記（2）と同じように、現金が相続税がかかる分だけ目減りしてしまいます。

　そこで、承継者以外の相続人に相続開始の3年より前に生前贈与しておけば、相続税がかからずに、お金を渡すことが可能です。

　その際には、相続税をかけないために、生前贈与して先に財産を渡しておくことを、いい聞かせておくことが大事です。つまり、不動産を承継させない代わりに現金を渡し、その現金が多く残るように配慮しているということを相続人に理解してもらうのです。

　不動産を相続しない相続人は、「自分は見捨てられた」「不公平だ」という感情を抱きやすいものです。そこに、生前贈与を使って多く現金を残すことで、最大限の配慮をしているという気持ちが伝われば、分割内容を理解してくれる可能性があります。

　争族対策には心のコミュニケーションが大切です。

相続時精算課税制度と暦年課税制度の見直しを見据えた対策とは？

1．どうなる生前贈与

「生前贈与ができなくなる？」「110万円の基礎控除がなくなる？」と生前贈与の話題がさかんに議論されています。

事の発端は、令和3年税制改正大綱で次の内容が記されていたことにあります。

> 　現在の税率構造では、富裕層による財産の分割贈与を通じた負担回避を防止するには限界がある。
>
> 　諸外国では、一定期間の贈与や相続を累積して課税すること等により、資産の移転のタイミング等にかかわらず、税負担が一定となり、同時に意図的な税負担の回避も防止されるような工夫が講じられている。
>
> 　格差の固定化の防止等に留意しつつ、資産移転の時期の選択に中立的な税制の構築に向けて、本格的な検討を進める。

要するに110万円の基礎控除がある生前贈与が今後使えなくなるかもしれないということです。

その背景には、相続税を回避するために、贈与を分割して行うことによって、相続税の節税が簡単に行えるのを防ぎたいということがあります。

例えば、年間110万円以内の贈与なら非課税で財産を移転でき、財産が減少した分相続税が下がります。

現在、日本の相続税では、その防止策として、相続（亡くなる）前3年以内の相続人に対する贈与は、全て相続税の課税対象にしています。

2．ついに改正内容に決着

令和4年12月16日に令和5年度税制改正大綱が発表されました。

その中で生前贈与の改正内容が盛り込まれていました。

（注）大綱は税制改正の案に過ぎません。

　詳細は今後発表され、執筆時点（令和 4 年 12 月）解釈が異なる可能性がある点ご了承ください。

　相続直前にした生前贈与について相続税課税の対象にする制度（生前贈与加算）について、現行 3 年以内の生前贈与が対象になっていますが、この年数を 7 年以内の生前贈与まで対象にする。

　延長された 4 年間（相続開始前 7 年以内のうち直前 3 年以外）に贈与された財産については、合計額から 100 万円を控除した残額が相続税の課税対象にする。

　この改正は令和 6 年以後に贈与する財産に係る相続税又は贈与税について適用になります。

【令和 5 年 12 月 31 日までの生前贈与】

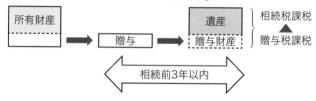

【令和 6 年 1 月 1 日以後の生前贈与】

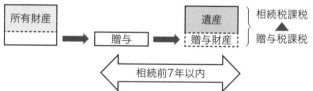

【令和 6 年以降に相続税の課税対象になる生前贈与】

| 7年前贈与 | 6年前贈与 | 5年前贈与 | 4年前贈与 | 3年前贈与 | 2年前贈与 | 1年前贈与 | 相続時点 |

総額から100万円控除した　　　　全て（1円以上）
残額が相続税課税　　　　　　　　相続税課税

3. 今できる対策とは？

　この改正は令和 6 年以後に贈与する財産に係る相続税又は贈与税について適用になります。

　したがって、令和 5 年に行われる贈与は、現行の相続前 3 年以内のものだけが相続税の対象になります。

　相続はいつ発生するかわかりません。できる限り令和 5 年中に贈与するのが賢明と言えるでしょう。

　さらに、7 年以内の生前贈与の加算は、「相続又は遺贈により財産を取得した人」が対象です。

　基本的には、相続人以外の人への贈与は対象ではありません。

　例えば孫への贈与であれば相続直前の贈与でも相続税に影響しません。

　孫への生前贈与は、相続対策に引き続き有効ということです。

　では、どのようなことに気をつけて生前贈与をするのがよいのでしょうか。

①　110 万円にこだわらない

　贈与税がかからないといって、110 万円の贈与にとらわれていると相続税対策の効果が薄くなります。

　贈与税は、日本一高い税金です。なんとか贈与税がかからないように 110 万円以内の贈与に抑える方がいらっしゃいます。

　しかし、超過累進税率なので、贈与額によっては低い税率になるのです。

　相続税の節税を考えるのであれば、課税される相続税の税率（財産額に応じて 10〜55％）よりも、低い税率での贈与税になればよいことになります。

　18 歳以上の方が直系尊属（父母、祖父母）からの贈与をうけた場合（特定贈与財産）の贈与税額は次のとおりになります。

贈与金額	贈与税額
200万円	9万円（実効税率4.5%）
300万円	19万円（実効税率6.33%）
400万円	33.5万円（実効税率8.37%）
500万円	48.5万円（実効税率9.7%）

相続税の税率は最低でも10%です。

つまり、相続税がかかる方は、500万円まで贈与しても（実効税率が10%未満であるため）損をすることはないことがわかります。

ちなみに、令和4年4月1日から成年年齢を18歳に引き下げる民法改正が施行されました。

同時に税法も改正されて、18歳から特定贈与財産の対象になりました。

一般贈与財産（特定贈与財産に該当しない贈与）になると若干高い税率で課税されることになるため、18歳以上の方には積極的に贈与した方がよいといえます。

【相続税の速算表】

課税遺産総額	税率	控除額
1,000万円以下	10%	―
3,000万円以下	15%	50万円
5,000万円以下	20%	200万円
1億円以下	30%	700万円
2億円以下	40%	1,700万円
3億円以下	45%	2,700万円
6億円以下	50%	4,200万円
6億円超	55%	7,200万円

【贈与税の速算表（特例税率）】

課税価格（基礎控除後）	税率	控除額
200万円以下	10%	―
400万円以下	15%	10万円
600万円以下	20%	30万円
1,000万円以下	30%	90万円
1,500万円以下	40%	190万円
3,000万円以下	45%	265万円
4,500万円以下	50%	415万円
4,500万円超	55%	640万円

（注）特例税率とは、直系尊属（祖父母や父母など）から18歳以上の人（子どもや孫等）への贈与に適用される税率です。

② 評価が圧縮されるものを贈与する

　現金で贈与するよりも、不動産で贈与した方が、贈与税の評価上有利になります。

　土地の贈与の評価は、原則、路線価で評価されます。路線価は、時価の約8割程度の評価になります（場所によってはもっと下がります）。

　建物の贈与の評価は、固定資産税評価額です。固定資産税評価額は、建築費の4〜6割程度といわれています。

　賃貸している不動産の場合、評価はさらに下がります。

　建物は3割減額です。土地は、借地権割合によって異なりますが2割程度下がります。

　つまり、500万円を現金で贈与をした場合、500万円が課税対象ですが、賃貸不動産を贈与した場合には、250万円程度の課税対象になるということです。

【不動産の相続税（贈与税）評価イメージ】
※　借地権割合70％地域とします。

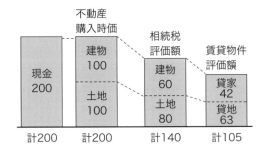

　なお、不動産を贈与する場合には、登記が必要です。登録免許税や不動産取得税などの費用がかかることになるため注意してください。

　不動産を贈与するにしても、高額になる傾向にあるので500万円の贈与はなかなかしにくいかと思います。

　そこで活用を検討したいのが、不動産の小口化商品です。

これは立地がよい商業ビルなどを、小口化して出資者で持ち合うという商品です。

　１棟で所有すると数十億円するものが、小口化して１口にすると数百万円で所有できることになります。

　この商品を贈与するために購入される方が増えています。

　注意点は、相続直前に購入すると、相続税を減らす目的と捉えられて、路線価での評価ではなく、時価での評価にするように指摘される可能性があることです。

　相続直前に対策するのはリスクがあります。

　生前贈与も余裕をもって早めに行うことが一番の対策になります。

4．令和6年以降の生前贈与

　令和5年度税制改正の中に、相続時精算課税制度にも大きな改正がありました。

①　相続時精算課税制度とは

　相続時精算課税制度とは60歳以上の親や祖父母から、18歳以上の子や孫へ、2,500万円までは贈与税がかからずに、贈与ができる制度です。

　累計で2,500万円を超える部分は、一律20％の贈与税がかかります。

　将来、贈与した親などが亡くなった時には、その贈与した財産は全て、その親の相続財産に含めて相続税が計算されます（払った贈与税は相続税から差し引かれます）。

　贈与税がかからなくても相続税がかかる可能性があります。

　税金を免除するものではなく、相続財産を前渡しする制度です。

　相続時精算課税制度は一度選択すると、撤回することは出来ません。

　そのため、その親からの贈与については、今後、毎年の110万円の基礎控除は使えなくなってしまうのです。

　将来の相続税の節税をしたい方にとっては、適用すると不利になってしまうため、この制度を使う方は少なかったのです。

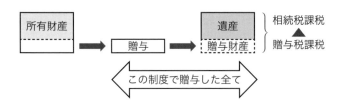

2. 改正内容

① 110万円の基礎控除の創設

令和6年以降の相続時精算課税制度による贈与については、2,500万円の非課税枠とは別に年間、基礎控除110万円を控除できる。

相続時精算課税制度を利用しながら、110万円の基礎控除を併用するイメージです。

相続税課税の対象についても110万円を控除した後の金額が対象になります。

② 相続税の対象となる価格

相続時精算課税制度により不動産を贈与した場合には、贈与日から相続税の申告書提出期限までの間に災害によって一定の被害を受けた場合、相続財産に加算する額は、被害を受けた部分に相当する額を控除した残額とする。

相続時精算課税制度を利用した場合の相続税の対象になる贈与価額は、『贈与時時点』の価額です。

建物など、将来的に価値が下がっていくものを贈与すると、贈与時点の価格で相続税がかかることになり、不利になってしまいます。

この点も相続時精算課税制度の利用を遠ざける理由でした。

改正で、令和6年以降の災害によって価値が下落した場合には、下落した価格が相続税課税の対象でよいということです。

価値の下落が災害に限定されています。経年劣化や市場価格の下落には適用ありません。使える場面は限定されてしまいますが、一定のリスクは回避されることになります。

3. 今後の対策

令和6年以後の相続時精算課税制度では、110万円以内の贈与であれば、相続の直前7年以内であっても、贈与税も相続税もかからないと解釈できます。

もしそうであれば、今後は相続時精算課税制度を上手く使った対策が活用されそうです。

04 無議決権株式の活用

賃貸経営を会社にしていると、相続税はかからないのでしょうか。

会社が所有している土地・建物には相続税はかかってきませんが、個人が所有している会社の株式（合同会社の場合は出資金）は財産価値があるとして、株式に対して相続税が課税されます。

会社の株式（非上場株式）は、所有している資産や負債から算出する方法（純資産価額）と同業種の上場会社の株価と比較して算出する方法（類似業種比準価額）をミックスさせて算出するのが原則です。会社に資産が溜まっていくと、所有する株価が上昇していくことになるので、相続税も多くなってしまうことになります。

そこで、株価が上昇する前に、株式を承継者に生前贈与した方がよいことになります。

しかし、株式を贈与するということは、単純な話ではありません。

株式には、財産的な価値以外にも、会社の運営に関する決議について、賛成か反対かを表明する権利（議決権）があります。基本的には、会社の決議は議決権の過半数（一定の決議についてはそれ以上の議決権が必要な場合があります）で決まることになります。株式を贈与するということは、議決権をも移転することになってしまうのです。

過半数に満たないくらいの議決権であれば、会社の運営に影響はないかもしれません。しかし、少数の株式を何年にもわたって贈与することで、承継者の議決権が過半数近くなる可能性があります。

もし、承継者の議決権が全体の議決権の過半数を超えていれば、代表取締役を解任したり、新たな取締役を専任することが可能になります。

会社の運営が承継者に握られてしまうリスクがあるのです。承継者が未熟であるうちは、暴走してしまうことも考えられます。できれば、会社の経営権は自分が握っておきたいと思うことでしょう。

そこで、財産価値としての株式を贈与しても、議決権として権利は移転させないという方法があります。

　それは、無議決権株式を発行し、その株式を贈与する方法です。無議決権株式とは、種類株式の一種です。

　会社は、複数の種類の株式を発行することが認められています。

　通常発行するのは、普通株式です。普通株式は、議決権を行使する権利、配当を受ける権利、残余財産の分配を受ける権利が１つの株式について平等に与えられています。

　これらの権利に制限を加え、もしくは、普通株式よりも優先させる権利を加えて発行することができるのが種類株式です。

> ・　配当を優先的に受けられる株式
> ・　配当を他の株式よりも劣後して受ける株式
> ・　残余財産を優先的に受けられる株式
> ・　残余財産を優先的に劣後して受ける株式
> など

　そのなかで議決権に制限を加えることができます。議決権の一切に制限を加えたのが無議決権株式になります。

　黄金株という言葉を聞いたことがあるでしょうか？

　黄金株も種類株式の一種です。正式には、拒否権付株式といいます。ある一定の決議について、拒否権を持つ株式です。例えば、取締役の選任や解任について拒否権を持てば、他の株主に勝手に取締役を変更させられる心配がなくなります。事業譲渡や合併、新株の発行についての拒否権を持てば、第三者に会社を売却したり、乗っ取られることを防ぐことができます。

　事業承継の場面では、後継者に経営を譲った後も、承継者が間違った経営判断をしないように、前経営者が重要な決定について歯止めをかけられるように保険として活用することができます。

ただし、どのような決議について拒否権を持つか、予め登記をしておく必要があります。

　拒否権を持つ決議を選定できるのであれば、黄金株を活用してもよいでしょう。

　しかし、決議を選定するのが難しいのであれば、無議決権株式を活用することがよいでしょう。無議決権株式であれば、そもそも議決権を持たないので、会社の運営には口出しができなくなります。承継者が未熟で会社の運営ができないうちは、無議決権株式を渡す方がよいと考えます。

　普通株式と無議決権株式では、原則的に評価の差はないと国税庁は判断しています。相続のときには、一定の要件を満たした場合に価格を調整できるとしています（全体の合計は変わりません）。

　普通株式から無議決株式に変更することも可能です（株主の全員の同意が必要）。贈与する分を無議決権株式にした上で、承継者に贈与することができます。

　無議決権株式であっても、贈与によって株式を分散させることはリスクがあります。議決権はありませんが、株主訴訟を起こすことができるなど、株主としての権利は残るからです。

　また、会社設立時に、自分（承継する人）と承継者が出資者となり、自分には普通株式を、承継者には無議決権株式を発行することも可能です。

05 生命保険の活用

生命保険を活用した相続対策には次の3つの観点からの効果があります。

(1) 税金対策としての保険活用

相続人が受け取る保険金について「500万円×法定相続人の数」分の非課税枠が使えます。

相続人が3人いた場合、500万円×3人＝1,500万円まで非課税で受け取れることになります。相続人の誰が受け取っても1,500万円まで非課税です。相続人1人が1,500万円の保険金全部もらっても非課税です（1人500万円までではない）。

相続人が配偶者と子の場合、受取人は子にしておくのがよいでしょう。なぜならば、配偶者が受け取る相続財産は、配偶者の税額軽減というものによって、相続税が一定額の財産まで（1億6,000万円か法定相続分のどちらか多い金額まで）かからないためです。

配偶者が受け取ってしまうと、二次相続（配偶者の相続）の際に受け取った保険金が残っていると、現金として相続税が課税されることになります。

(2) 納税対策としての保険活用

前述のとおり、預金は相続が発生すると凍結され、遺産分割協議が締結されるまで一定額以上は引き出せないことになったので、相続税の納税ができなくなってしまうことがあります。

しかし、保険金であれば、請求すれば数日で受け取ることができます。

保険金は遺産分割の対象にもなりませんので、受取人が独自で手続きをすればよいことになります。

相続税の納税分だけ保険金をかけておくことで、納税資金に困らなくなります。さらに一定額まで非課税で受け取れるため、手元の現金で納税資金を

準備するよりも、相続税がかからない分多く残すことが可能になります。

(3) 争族対策としての保険活用

　承継しない相続人に対して、補填するための現金を準備できればよいですが、準備できない場合には保険金で手当てすることが考えられます。

　生命保険のメリットは、掛金以上に保険金を受け取れる場合があることです。よく貯金は三角、保険は四角といわれます。貯金は時間が経過しないと、必要な金額が貯まりません。しかし、保険は加入直後から、（保険事故があれば）必要な金額を受け取れるのです。

　この保険金を使って、承継しない相続人に代償金（現金）を渡せます。

　生命保険は、保険金受取人の固有の財産となることから遺産分割協議の対象外となります。したがって、承継者を保険金受取人として保険金を受け取り、承継者から承継しない相続人に代償金（現金）を渡すことになります。

　なお、保険金の額、遺産の総額に対する比率、相続人と被相続人との関係、各相続人の生活実態等によっては、例外的に、特別受益として持戻しの対象になることがありますので、注意が必要です。

【平成 16 年 10 月 29 日最高裁判決】
　上記の養老保険契約に基づき保険金受取人とされた相続人が取得する死亡保険金請求権又はこれを行使して取得した死亡保険金は、民法 903 条 1 項に規定する遺贈又は贈与に係る財産には当たらないと解するのが相当である。もっとも、上記死亡保険金請求権の取得のための費用である保険料は、被相続人が生前保険者に支払ったものであり、保険契約者である被相続人の死亡により保険金受取人である相続人に死亡保険金請求権が発生することなどにかんがみると、保険金受取人である相続人とその他の共同相続人との間に生ずる不公平が民法 903 条の趣旨に照らし到底是認することができないほどに著しいものであると評価すべき特段の事情が存する場合には、同条の類推適用により、当該死亡保険金請求権は特別受益に準じて持戻しの対象となると解するのが相当である。
　上記特段の事情の有無については、保険金の額、この額の遺産の総額に対する比率のほか、同居の有無、被相続人の介護等に対する貢献の度合いなどの保険金

受取人である相続人及び他の共同相続人と被相続人との関係、各相続人の生活実態等の諸般の事情を総合考慮して判断すべきである。

死亡退職金の活用

(1) 死亡退職金の節税メリット

死亡退職金を受け取る場合も相続対策になります。

死亡退職金には、死亡保険金とは「別枠」で「500万円×法定相続人の数」の非課税枠が使えるのです。生命保険金をかけながら、死亡退職金を受け取ることができれば、ダブルで非課税枠が使え、相続対策に効果的になります。

法人で賃貸経営をしている大家さんであれば、死亡退職金を受け取ることができます。法人でお金を貯蓄しておいて、役員に相続があったときに、死亡退職金を払うことができるのです。

法人から出す死亡退職金を出す場合には、過大な退職金にならないように、一般的には下記の算定式によって計算した金額を上限として払い出すことになります。

最終報酬月額　×　勤続年数　×　功績倍率(注)

(注) 功績倍率は、代表者であれば2〜3倍程度といわれています。

個人で賃貸経営している大家さんは死亡退職金が出せません。また、法人経営している大家さんでも勤続年数が短いと多額の死亡退職金は出せないことになります。

(2) 小規模企業共済の活用

死亡退職金が出せない場合に活用したいのが、小規模企業共済です。

これは、個人事業主または会社の役員が事業を廃止した場合や役員を退職した場合などに、掛け金に応じた共済金を受け取れる制度です。一言でいうと、個人事業主や会社役員のための退職金制度です。

大家さんの場合には、次のいずれかの加入条件を満たす必要があります。

- ・ 個人で賃貸経営をしている場合には、事業的規模であり、かつ、本業が会社員ではないこと
- ・ 法人で賃貸経営をしている場合には、役員であること

①　掛金の支払い時のメリット

　掛金として支払った全額が所得控除になります。生命保険料控除が最大12万円ですので、それと比べると、大きな節税ができるといえます。

　ただし、掛金は、月額最大70,000円までしかかけられません。月額1,000〜70,000円の範囲内で500円単位で自由に選べ、途中で増額することも減額^(注)することも可能です。

(注) 減額の場合には一定の条件が必要になります。

②　受取時のメリット

　共済金を受け取るときには、受け取った金額に課税されますが、税金上のメリットがあります。

　受け取り方や事由によって、一時所得、退職所得、雑所得で課税されますが、退職所得控除、公的年金控除などがあり、いずれもかかる税金が少なくなるようになっています。そして、死亡により共済金を受け取る場合には、死亡退職金扱いとなり、「500万円×法定相続人の数」の非課税枠が使えます。

　掛金をかけるときは、所得税・住民税の節税になり、相続時に受け取れば非課税枠が使えるため、次世代に効果的にお金を残すことが可能になります。

　ただし、相続時に共済金を受け取る際には注意点があります。

　死亡による共済金の受取人を指定をすることはできません。一般の相続財産におけるものとは異なり、小規模企業共済法で定められています。

　まず、配偶者（内縁関係者を含む）が優先され、次に扶養家族が受け取れることになります。死亡保険金の受取人が指定できる生命保険金とは異なります。

配偶者が優先して共済金を受け取ることになるため、二次相続の相続税に影響が出る可能性があります。つまり、配偶者が相続により共済金を受け取る際には、非課税枠まで相続税が課税されないことになりますが、配偶者が亡くなる二次相続の際には、受け取った共済金は、現金等になっているため、非課税とはならず、相続税が課税されることになります。

　そのため、配偶者が受け取った場合には、遺産分割によって配偶者が取得する財産を少なく調整することや、受け取った共済金を、生命保険や生前贈与を活用して、二次相続の相続税が増えないように対策する必要があります。

受給権順位	続柄	備考
第１順位者	配偶者	内縁関係者も含む（戸籍上の届出はしてないが、事実上婚姻と同様の事情にあった方）
第２順位者	子	共済契約者が亡くなった当時、主として共済契約者の収入によって生計を維持していた方
第３順位者	父母	
第４順位者	孫	
第５順位者	祖父母	
第６順位者	兄弟姉妹	
第７順位者	そのほかの親	
第８順位者	子	共済契約者が亡くなった当時、主として共済契約者の収入によって生計を維持していなかった方
第９順位者	父母	
第10順位者	孫	
第11順位者	祖父母	
第12順位者	兄弟姉妹	

（独立行政法人　中小企業基盤整備機構ホームページより）

07 承継通算での受け取り

　受給順位によって共済金を受け取る以外に、共済金の請求をせず、相続により事業の全部を取得した配偶者または子が、共済金を承継する制度があります。

　これを承継通算といいます。

　例えば、被相続人が15年間共済掛金をかけていた場合に、死亡時に15年分の共済金を受け取ることができますが、あえて受け取らずに、事業を承継した配偶者や子がそこから継続して掛金をかけることができます。そうすることで、15年以上の期間での累積で掛金をかけられるため、受け取る際にはより大きな金額の共済金となることになります。

　承継通算の場合でも、相続時に受け取ることができる一時金の金額相当で相続税課税されることにはなりますが、「500万円×法定相続人の数」の非課税枠を使うことができます。

　二次相続を考えて、配偶者に共済金を受け取らせたくない場合には、この承継通算という制度を活用するとよいでしょう。

　ただし、事業の全部を相続した場合でないと承継通算はできません。複数の収益物件を複数の相続人で分割する場合には、全部を承継していないことになり、承継通算を選択できないことになります。

養子縁組の活用

(1) 養子縁組とは

　養子縁組は、実の親子以外に人為的に親子関係を作る制度です。養子縁組は役所に「養子縁組届」を提出することによりできます。

　養子縁組には普通養子縁組と特別養子縁組があります。

　相続税対策としては、普通養子縁組が利用されることが多いです。普通養子縁組の場合、養親の子となっても、実親との関係は切れないというのが特徴です。つまり、養親の子としての相続権を持ちながら、実親の子としての相続権を持つのです。実親の戸籍からも外れることはありません。

　民法上は、養子縁組は、要件さえ満たせば制限はなく、何人としてもかまいません。しかし、相続税の計算上は、養子としてカウントできる人数に制限があります。

実子がいる場合	養子の数としてカウントできるのは、1人
実子がいない場合	養子の数としてカウントできるのは、2人

　そのため、実子が1人いる場合に、養子を3人とったとしても、相続税の計算では、実子1人と養子1人の2人として計算することになります。

　ただし、養子でも下記に該当する養子は、実子として扱い、養子の数の制限には含まれません。

①　被相続人との特別養子縁組により被相続人の養子となっている人

②　被相続人の配偶者の実の子で被相続人の養子となっている人

③　被相続人と配偶者の結婚前に特別養子縁組によりその配偶者の養子となっていた人で、被相続人と配偶者の結婚後に被相続人の養子となった人

④　被相続人の実の子、養子または直系卑属が既に死亡しているか、相
　　続権を失ったため、その子などに代わって相続人となった直系卑
　　属(注)
（注）直系卑属とは子や孫のことです。

（2）養子縁組の節税メリット

養子縁組をすることで下記の相続税の節税メリットがあります。

①　相続の基礎控除の増加

相続税の基礎控除は「3,000万円＋600万円×法定相続人の数」によります。
法定相続人の数が増えた場合基礎控除が600万円増えます。

②　生命保険金の非課税限度額の増加

死亡保険金を相続人が受け取る場合「500万円×法定相続人の数」の金額
まで非課税で受け取ることができます。法定相続人が増えた場合、非課税枠
が500万円分増えます。

③　死亡退職金の非課税限度額の増加

死亡退職金を相続人が受け取る場合「500万円×法定相続人の数」の金額
まで非課税で受け取ることができます。法定相続人が増えた場合、非課税枠
が500万円分増えます。

④　相続税額の計算方法（超過累進税率）による減額

相続税は基礎控除を超える財産の価額（課税遺産総額）を法定相続分（子
2人の場合2分の1ずつ）で分けその財産に応じた税率を乗じて計算するこ
とになります。そのため法定相続人が増えた場合、その分1人あたりの法定
相続分（子3人となったため3分の1ずつ）が減ることにより税率が下がる
可能性があります。

(3) 養子縁組のデメリット

　養子縁組は相続税を大きく下げる効果がありますが、下記のデメリットがあります。

①　他の相続人と争いがおきる可能性

　相続人を増やすことになり、それによって相続分や遺留分が養子縁組をする前より減少することになります。事前の理解がなく、相続を迎えると、養子の事実を知らない相続人が不信感を持ち、相続争いに発展することが起こりえます。

②　名字が変わる可能性がある

　養子は、原則として、養親の氏を称します。

　同じ名字であれば問題ありませんが、結婚して名字が変わった人の子（被相続人からみて孫）を養子にすると、その養子の氏が変わるため、親（被相続人から見て子）の名字と変わってしまうことが起こりえます。

　ただし、「婚姻によって氏を改めた者については、婚姻の際に定めた氏を称すべき間は、この限りでない」と定められています。例えば、結婚して名字が変わった孫を養子にする場合、夫婦同姓の原則が働くため、養親の名字に変わらないことになります。

③　未成年者が養子の場合の遺産分割と孫養子の 2 割加算

　未成年者を養子にしてその養子が未成年のうちに養親の相続が発生した場合は、養親の遺産分割協議をする際には、未成年者の養子は裁判所を通じて特別代理人を定めなくてはなりません。

　また、孫を養子にした場合にその孫が相続財産を相続して相続税を払うときには、相続税の 2 割加算の規定に該当します。その孫養子が払う相続税が 2 割増しになるということになるので注意が必要です。

小規模宅地等の特例の活用

（1）小規模宅地等の特例とは

　被相続人が所有していた宅地について、事業用、居住用、賃貸用のいずれかに利用していた場合で、一定の要件を満たすときは、土地の評価を80%（賃貸用は50%）減額できる特例です。

　それぞれの用途によって各限度面積と減額割合が決まっています。

【用途ごとの限度面積と減額割合】

用途	限度面積	減額割合
事業用	400m^2 まで	80%
居住用	330m^2 まで	80%
賃貸用	200m^2 まで	50%

　小規模宅地等の特例の減額対象が複数ある場合には、どの宅地を減額の対象とするかを選択できます。

　選択した宅地の面積合計が下記の算式に当てはめて200m^{2}以下にする必要があります。

$$\text{事業用の面積} \times \frac{200}{400} + \text{居住用の面積} \times \frac{200}{330} + \text{賃貸用の面積} \leq 200\text{m}^2$$

　なお、事業用と居住用のみ選択する場合には合計して730m^{2}以下に緩和されます。

$$\text{事業用の面積} + \text{居住用の面積} \leq 730\text{m}^2$$

（2）小規模宅地等の特例の要件

大家さんに影響する貸付用と居住用の要件をまとめます。

【居住用と賃貸用の小規模宅地等の特例の要件】

	取得者	要件
居住用	配偶者	特になし
	同居する親族 （配偶者を除く）	相続税の申告期限まで所有し、居住すること
	同居なく、持ち家に居住していない親族 （家なき子）	①相続税の申告期限まで所有すること ②被相続人に配偶者がいないこと ③被相続人の自宅に居住していた法定相続人がいないこと ④相続開始前3年以内に、取得者の3親等内の親族または取得者と特別の関係のある法人が所有する国内にある家屋に居住したことがないこと ⑤相続開始時に、取得者が居住している家屋を相続開始前のいずれの時においても所有していたことがないこと
貸付用^(注)	親族	相続税の申告期限まで所有し、賃貸を継続していること

（注）貸付用に該当するかどうかは事業的規模によって異なります。
　　　事業的規模とは、原則「おおむね5棟10室以上」所有して賃貸事業を行っている場合をいいます。

【事業的規模別の小規模宅地等の特例の適用の可否】

賃貸事業の規模	相続開始前3年以内に貸し付けた宅地	平成30年3月31日以前に貸し付けた宅地	相続開始3年を超えて貸し付けている宅地
・事業的規模未満の大家さん ・相続開始前3年以内に事業的規模になった大家さん	×	○	○
相続開始前3年を超えて事業的規模になっている大家さん	○	○	○

（3）居住用の小規模宅地等の特例の適用ができるか

　賃貸用より居住用の方が、減額割合が大きくなります。

　まずは相続税を下げるために、居住用の特例を適用できるように設計することが必要になります。特に、二次相続（配偶者の相続）に居住用の小規模宅地等の特例が適用できるかが重要です。一次相続では、配偶者がいれば、配偶者に自宅を相続させれば、小規模宅地の減額は適用できるためです。しかし、配偶者の相続の際には、同居している相続人に相続させます。同居相続人がいない場合には、家なき子に該当する相続人に相続させないと減額にならないためです。

　二次相続で居住用の小規模宅地等の特例が適用できるように、下記の同居になる事例を知っておくとよいでしょう。

①　老人ホームに入所する場合

　平成26年1月1日以後の相続からは、終身利用権付の老人ホームに入所する場合でも適用が可能になっています。要件は下記のとおりです。

> ・　入所施設が、老人福祉法・介護保険法・高齢者居住安定確保法などで認定された施設であること
> ・　相続開始の直前において要介護、要支援、障害支援区分の認定を受けていたこと
> ・　入所後に賃貸や、被相続人と同一生計親族以外の居住の用とされていないこと

②　二世帯住宅を建てる

　特例を使うために、同居するのが難しい家族は、二世帯住宅を検討してみてはいかがでしょうか。平成26年1月1日以後の相続からは、完全分離型の二世帯住宅でも同居しているとみなされ減額の対象になっています。

　ただし、区分登記すると土地全体を減額できなくなるのでご注意ください。

10 配偶者居住権の活用

　二次相続のときに居住用の小規模宅地等の特例が適用できないことがほぼわかっていることがあります。

　それはお子さんが持ち家を所有して、そこで生活している場合です。将来同居すれば、同居親族として小規模宅地等の特例が適用できることがありますが、親が老人ホームに入居することが決まっていればそれも難しいでしょう。

　そのような場合に配偶者居住権を使って相続税を下げる方法があります。

(1) 配偶者居住権による相続税の節税メリット

　2020 年 4 月から配偶者居住権が設定できるようになりました。

　配偶者居住権とは、遺産分割協議もしくは遺言書で、終身または一定期間、配偶者が無償で居住できる権利を与えることができる権利です。

　その目的は、配偶者に住む権利を確保することと、配偶者が自宅の所有権を相続した場合、自宅の財産価値が高いことを理由に、他の相続人との関係で、配偶者自身が自宅以外の現金などの財産を相続できなくなるのを防ぐことにあります。

　この配偶者居住権は、財産価値があるとして、相続税では財産として計算されます。

　では、配偶者居住権を相続した配偶者に相続が発生したとき（二次相続）には、財産価値があるとして評価されるのでしょうか？

　なぜならば、配偶者居住権は、最長でも終身の権利です。つまり、配偶者が亡くなったら、権利は終了するものの、土地の所有者は、居住権の負担がない、完全な所有権が手に入ることになるからです。

　通達によると、配偶者居住権を途中で合意解除や放棄した場合には、配偶者居住権に相当する財産を、所有者（土地の所有権を持っている人）に贈与

したものとして扱われます（贈与税がかかる）。

　しかし、配偶者居住権が期間満了により終了した場合や配偶者が死亡した場合には、贈与や相続の対象とはされません。つまり、配偶者に相続があった場合には、配偶者居住権には相続税がかからないということです。

　これを利用することで、二次相続の相続税の節税ができてしまうのです。

【設例】

　自宅　　　　　１億円（一次相続時点の配偶者居住権を3,000万円とする）
　その他財産　　8,000万円
　　・　一次相続の相続人　配偶者と子　2名
　　・　二次相続の相続人　子　1名
　自宅に配偶者居住権設定して所有権を子に相続、その他の財産を2分の1づつ相続した場合で一次相続での配偶者の取得財産を配偶者居住権3,000万円＋その他4,000万円＝7,000万円とする。

① 一次相続
1億8,000万円−4,200万円（相続人2人の基礎控除）＝1億3,800万円
相続税　1,674万円（配偶者の税額軽減1,066万円適用）

② 二次相続
4,000万円^(注)−3,600万円（相続人1人の基礎控除）＝400万円
相続税　40万円
（注）その他の財産のみ。配偶者居住権3,000万円には課税なし

　もし、配偶者居住権（3,000万円の価値）が相続税の対象になるのであれば、二次相続の相続税は、480万円となります。配偶者居住権を使うことで約440万円の節税になります。

（2）配偶者居住権を設定するための事前準備

　配偶者居住権で節税するために準備しておくことは何でしょうか。

① 遺言書に配偶者居住権を記載しておく

　配偶者居住権は、遺産分割協議でも設定できますが、相続人の1人でも合意しない場合や連絡が取れない場合には、協議が成立せず、設定できなくなります。

　事前に遺言書を作成して、配偶者居住権を設定できるようにしておきましょう。

② 配偶者以外の人と共有になっている場合には、共有を解消しておく

　例えば、自宅の一部を子が所有している場合には、配偶者居住権が設定できなくなります。

　場合によっては、子の持ち分を買い取るなどをして、配偶者居住権を設定できるようにした方がよいかもしれません。

③ 配偶者居住権の登記を必ずしておく

　民法改正によって、法定相続分を超える相続については、不動産登記が対抗要件になりました。先に登記をされた場合に、配偶者居住権が対抗できなくなる可能性があります。

　配偶者居住権が設定されたら、すぐに登記しておくべきです。

　生前に登記をしておきたいのであれば、死因贈与契約で配偶者居住権を設定し、仮登記をすることができます。これで権利は発生していなくても、登記の順位を確保することが可能になります。

11 不動産の整理

　相続で遺された不動産を全て次の世代に残すのは、相当な労力、金銭的な負担、覚悟が必要です。不動産を手放すことを勧めるわけではありませんが、遺す不動産と遺さない不動産に区分けをすることは悪くないと思います。

　事業継続には「選択と集中」が大事です。賃貸経営としてコアな不動産は遺し、コアではない不動産は処分をして、コアな不動産を永続的に遺せるようにしておくことがよいでしょう。

　判断はそれぞれですが、下記などについて処分できるか検討してみましょう。

- ・　立地が良くない不動産
- ・　将来的に賃貸需要が見込めない不動産
- ・　市街化調整区域の不動産で利用が難しい不動産
- ・　山林などで開発が難しい不動産

　特に生前に整理しておくべき不動産は次の2つです。次の世代になる前に解決しましょう。

（1）共有地

　共有地とは、1つの権利（所有権など）に対して複数の所有者が存在する不動産のことです。

　各共有者は、共有物の全部について、その持分に応じた使用をすることができます。

　一方、共有物全体の売却や、担保権の設定は共有者の1人でも反対するとできなくなります。意思疎通ができない共有者がいると、何もできなくなる可能性があるのです。

そして共有地は、放っておくと、さらに共有者が増殖します。共有者の1人に相続があると、その相続人が共有者として入ってくるからです。ですから共有地は次の世代に残さないようにしてあげることが、相続人のためになります。

では、その解決策はどうすればよいのでしょうか。

① 共有者のうちの1人が買い取る

共有者の持ち分を買い取ることで共有は解消されます。

しかし、共有者が親族の場合、厳密な時価での売買が必要になります。買取り金額が高額になる可能性があります。さらに、売り渡した共有者に多額の譲渡税が発生する可能性があります。

② 共有物分割（現物分割）

共有の土地を分筆して、それぞれ土地として所有することになります。

現実に分割してしまうということです。建物が建っている場合でも分割自体はできます。

ただし、土地が狭いと、分割してしまうことにより土地の利用ができなくなってしまうため分割できない土地もあります。また、分割後の土地の道路付けによっては、どの土地を誰が取得することになるかで揉めてしまう可能性があります。

③ 共同売却

共有者全員で売却して現金化して、現金を分け合うことです。

ただし、1人でも売却に反対だと売却できません。それぞれが保有する持ち分だけを売却することは可能です。

④ 等価交換

例えば、丙土地がAとBの共有だった場合にBが所有していた丁土地と、

丙土地のA持ち分を交換することで、共有を解消することができます。

買い取る現金がない場合に有効的な手段です。

交換は売買したと同じように扱われ、譲渡税の計算をしていきます。

ただし、交換する土地が等価であるなどの要件を満たせば、等価交換の特例を適用することができます。

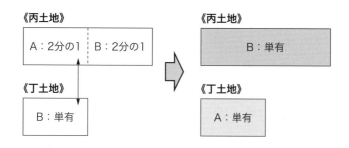

④　立体買換え

共有の土地の上にデベロッパーがマンションなどの建物を建て、デベロッパーが持つ建物の一部と土地の一部を交換することで、それぞれが分譲マンションの部屋を持つことで、共有を解消するという方法です。

3階以上の中高層共同住宅に買い換えるなど一定の要件を満たすことで譲渡税を繰り延べることができる立体買換えの特例の適用があります。

第7章

生前にしておくべき相続対策

【イメージ図】

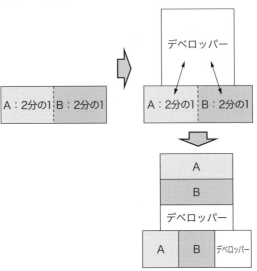

(2) 底地

　借地権が設定されている土地（底地）についても、できる限り整理をした方がよいでしょう。

　借地権とは建物所有を目的とした土地の地上権及び賃借権で、底地とは、借地権が設定されている所有権をいいます。

　底地の問題点は、次の３点があります。

- 普通借地権の場合、借地人に強い権利が与えられ、契約期限が到来しても、正当事由がなければ、更新を拒否することはできない。借地権を返還してもらいたければ、多額の立退料がかかる可能性がある。
- 地代は通常固定資産税の3～4倍程度であり、多くの収益を見込めない。
- 底地だけを売買することは可能ですが、市場価格は低くなる。

相場としては、所有権の時価の1割程度といわれています。

しかし、相続税評価は、更地の路線価評価額×（1−借地権割合）で計算されます。借地権割合が60％の地域では、40％が底地の価格ということです。

つまり、市場価格は低いにもかかわらず、相続税評価が高く相続税が高くなる可能性があるということです。

収益性も良くない、相続税も高くつく底地は、地主さんにとって頭の痛い存在です。整理できるうちに整理してしまった方がよいでしょう。

整理の方法は、次の4つになります。

① 借地人が買い取る

借地人さんに底地を買い取ってもらうという方法です。

更新の時期に払う更新料は数百万円になることも多いですので、更新料を払うくらいなら、買い取ってしまおうという気持ちになる場合があります。更新のタイミングに話を持ちかけてみると上手くいくことがあります。

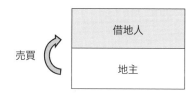

② 地主が買い取る

　底地を持っている地主さんが借地を買い取って、完全な所有権にしてしまうという方法です。

　更新のタイミングに借地人さんが更新料を払うお金が準備できない場合や、借地人さんに相続が発生して、相続人がその借地を利用しない場合に、話を持ちかけてみると上手くいくことがあります。

③ 借地人と地主が共同で売却する

　借地人さんと共同で売却する方法です。

　底地だけ売却しようとしても売却価格は低くなってしまいます。また、借地だけ売却しようとしても売却価格は低くなってしまうのは借地人さんも同じです。別々に売却するよりも、一緒に売却して、売却金額を分け合う方がお互いにメリットがある可能性があります。

　ただし、分け合う売却金額の配分で借地人さんと揉めてしまう可能性があります。

④ 等価交換で所有権を分ける

　底地の一部と借地の一部を交換することで、2つの所有権として土地を分

け合う方法です。

　半永久的に底地で所有しているよりも、土地の面積は少なくなっても完全な所有権として持っていた方がよいという場合に有効です。等価交換の特例を使うことによって、お互いに譲渡税がかからないようにすることが可能です。

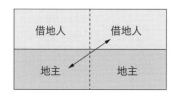

12 賃貸割合を上げる

　不動産を賃貸すると、土地と建物の相続税評価額が下がります。

　建物は、固定資産税評価額で評価されますが、賃貸することにより、貸家の評価になります。

【相続税の家屋の評価】

家屋の評価 ＝ 固定資産税評価額 × 1.0

【家屋を賃貸している場合の家屋の評価】

貸家の評価 ＝ 家屋の評価（固定資産税評価額×1.0）×（1－借家権割合）

(注) 借家権割合は、全国一律で30％とされています。

　また、家屋を賃貸した場合、その敷地である土地の評価も下がります。

【土地の上の家屋を賃貸している場合】

貸家建付地の評価 ＝ 土地の評価額 ×（1－借地権割合×借家権割合）

　借地権割合は、地域ごとによって定められた、借地権を有している場合の財産の割合をいいます。

　宅地の相続税評価額は、原則、路線価で評価されることになっています。路線価は、公示価格（ほぼ時価に等しい価額）の80％程度に設定されており、そこから、賃貸していることによる減額が15〜20％程度あるため、評価上は大きく圧縮されることになります。

【具体例】

　相続税評価で5,000万円の土地と3,500万円の建物を賃貸にした場合

（借地権割合70％）

① 　建物の相続税評価額

　3,500万円×（1－30％）＝2,450万円

② 　土地の相続税評価額

5,000 万円×（1－70%×30%）＝3,950 万円

⇒ 2,450 万円（建物）＋3,950 万円＝6,400 万円

③　賃貸していない土地建物である場合の相続税の課税対象金額

5,000 万円（土地）＋3,500 万円（現金）＝8,500 万円

8,500 万円－6,400 万円＝2,100 万円 の減額

　ここで評価額下がるのは、賃貸をしているからです。賃貸していない場合、つまり空室がある場合にはこの減額が使えないことがあります。

　空室がある場合には、賃貸割合というものを考慮していきます。

　賃貸割合とは、建物全体のうち、賃貸している部分の割合で、次の算式で計算します。

$$\text{賃貸割合} = \frac{\text{A のうち課税期間において賃貸されている各独立部分の床面積の合計}}{\text{当該家屋の各独立部分の床面積合計（A）}}$$

　各部屋が同じ面積の場合、全体の部屋数が 6 室で、空室が 2 室あるときには、考え方としては、賃貸割合は 6 分の 4 になるということです。この賃貸割合を、各評価を計算する際にかけることになります。

【家屋を賃貸している場合の家屋の評価】

貸家の評価 ＝ 家屋の評価×（1－借家権割合 ×賃貸割合）

【土地の上の家屋を賃貸している場合】

貸家建付地の評価 ＝ 土地の評価額×

（1－借地権割合×借家権割合×賃貸割合）

　この賃貸割合をかけることによって、減額できる部分が賃貸割合部分のみに制限されてしまうことになります。

【上記の例で賃貸割合が 10 分の 5 の場合】
① 建物の評価
  3,500 万円×（1−30%×10 分の 5）＝2,975 万円
② 土地の評価
  5,000 万円×（1−70%×30%×10 分の 5）＝4,475 万円
⇒ 2,975 万円（建物）＋4,475 万円＝7,450 万円

　賃貸割合が 10 分の 10 の場合は、6,400 万円が相続税評価額だったので、1,000 万円以上評価額が上がってしまったことになります。

　この空室の考え方ですが、アパート等の共同住宅の場合には、その一部が一時的に空室となっていたに過ぎないと認められるものについては、相続時時点においても賃貸されていたものとして取り扱うことになっています。

　国税庁では例示として、下記の事実がある場合を挙げています。

【賃貸建付地等の評価における一時的な空室の範囲】
　1. 各独立部分が課税時期前に継続的に賃貸されてきたものであること。
　2. 賃借人の退去後速やかに新たな賃借人の募集が行われ、空室の期間中、他の用途に供されていないこと。
　3. 空室の期間が、課税時期の前後の例えば1か月程度であるなど、一時的な期間であること。
　4. 課税時期後の賃貸が一時的なものではないこと。

　上記 3. の空室期間が 1 か月程度というのは、結構厳しいのではないでしょうか。一概に期間だけで判定をするわけではなく、過去の裁決事例での判断基準は、いかなる状況化においてかかる空室期間が生じていたか等の諸事情を総合勘案するとしています。

- 空室について速やかに所要の手当てを施したうえで不動産業者に入居募集の依頼をしている
- 建物について定期的に補修等を施すなど、経常的に賃貸に供する意図が認められること
- 周辺の環境が、空室が発生したからといって速やかに新入居者が決定するような状況ではなかったこと　など

　しかし、近年になって、空室期間が1か月程度であることが厳密に求められる判決が出ているなど、国側減額を認めたがらない傾向があります。

　いずれにしても、賃貸物件を建てたら評価が下がるということではなく、空室を出さないこと、空室が出ても、すぐに入居が決められるような努力をしていないと、評価は下がらないということになります。

　承継者が余計な相続税負担がいかないように、常に稼働率を上げる努力が必要なのです。

コラム

路線価否認の最高裁判決による大家さんへの影響はあるのか？

　令和4年4月19日に、相続税申告において路線価で評価した不動産を否認した国税と争っていた裁判で、最高裁判決が出ました。

　結果は、納税者の敗訴でした。

　判決の前月の3月15日に口頭弁論が開かれました。

　最高裁で口頭弁論が開かれると、高い確率で下級審の判決がひっくり返ってきたことから、納税者の主張が認められるかもと注目されましたが、判断は変わりませんでした。

　この裁判は一体何が問題だったのか整理し、大家さんに与える影響を考えてみたいと思います。

1．事件の概要

　不動産（土地）の評価を、路線価に基づいてするのは、財産評価基本通達に規定されています。

　路線価は時価の8割くらいで設定されています（都心の不動産はもっと大きな開きがあることがあります）。

　この土地を賃貸していることで、さらに2割程度減額してもらえます。

　なぜそれが否認されたのでしょうか？

　財産評価基本通達には、特例があり、「この通達の定めによって評価することが著しく不適当と認められる財産の価額は、国税庁長官の指示を受けて評価する」と規定しています。

　相続税の評価は、時価で評価することが基本です。

　時価の求め方を通達に規定しているのですが、この通達（路線価）で評価することに不都合があれば、時価で評価しなさいということです。

　この裁判の事案は、相続前3年半前〜2年半前までに2物件を銀行借入をし、約14億で購入。路線価によって約3億円で評価し、借入金を控除し、相続税を0円にして申告。その後税務署は、鑑定評価約13億で評価するべきとして、約3億円を追徴課税した、というものです。

　過去の裁決事例では、相続直前に購入し、相続直後に売却したタワーマンションについて否認した例がありました。

　あからさまな相続対策は否認されるということで一定の理解ができます。

　しかし、今回は2物件購入したうち、1物件は相続前3年以内に購入して相続後に売却した物件、もう1物件は3年半前に購入して売却もしていない物件があり、両方とも否認の対象にしています。

　いつが直前といえるのか、売却していなくても相続対策と言われてしまうのか、基準が曖昧であることに、税理士業界からも注目されていました。

2. 最高裁の判断

最高裁の判断を要約すると以下になります。

> ○　近い将来発生する相続において、相続税の軽減を記載して購入・借入れを企画して実行したものであり、租税負担の軽減を意図して行った行為である。
>
> ○　購入・借入れのような行為をせず、又はすることのできない他の納税者と不均衡を生じさせる。
>
> ○　実質的な租税負担の公平に反するというべき事情がある場合には、通達を上回る価額で評価をした税務署の判断は合理的な理由がある。

相続直前に購入するなど相続税評価を意図的に下げたと見られてしまったこと、大きく評価額を下げてしまったことが他の納税者と不均衡と思われてしまったこと、が敗因といえます。

しかし、何をもって不均衡なのか、という点は釈然としないままです。

「資産家だから借り入れできたのでしょ？」と言っているように聞こえます。

資産家とはどの程度をいうのでしょうか？税務署の主観で判断されてしまうのか、という懸念が残ります。

一方、路線価を使うことについては、「通達評価（路線価）と鑑定評価との間には大きなかい離があることだけをもって、租税負担の公平に反するというべき事情があることはできない」と言及しています。

この裁判によって、路線価で評価することを否認されたわけではありません。

大家さんの所有している不動産の相続税評価が上がるということではありません。しかし、相続直前に不動産を購入するなど、相続税評価を意図的に下げたと見られてしまうものは、時価評価しなければならなくなる可能性があります。

3. 大家さんへの影響

① 不動産の購入控え

相続対策で不動産を購入しようとする人が少なくなる可能性があります。

それによって、相続目的で購入する人への高値の売却という出口が、難しくなるかもしれません。

② 不動産融資への警戒

今回の事件では、銀行のアドバイスで不動産購入をしています。

今後は銀行が相続対策で不動産を提案することも少なくなるでしょう。

また相続対策の融資や不動産への融資を控える傾向も出てくるかもしれません。

③ 不動産価格の下落

購入する人や融資が出にくくなることによって、不動産の価格にも影響があるのではないかと思います。

4. 相続対策で気をつけるべきこと

① 相続直前に対策をしない

相続直前に対策をしようとすると、一気に大きな対策をしなければなりません。

これが税務署に目をつけられるものになるのです。

前もって計画的にコツコツ対策をしていくのがよいでしょう。

② 賃貸経営という意識もつ

相続対策が目的と思われてしまわないように、賃貸経営を主眼においていることが客観的にわかるようにするべきです。

具体的には、空室を埋める努力をしているか、キャッシュフローを改善する対策をしているか、経営の実態が大事になってきます。

個人的な意見ですが、裁判の結果によって大家さんは萎縮する必要はない

と思います。

　むしろ賃貸経営に興味がない、相続対策を目的とするプレイヤーがいなくなることで賃貸市場は活性化するとことを願っています。

第8章
大家さんのためのインボイス制度

01 5つのポイントでおさえるインボイス制度

　令和5年10月からインボイス制度が開始されます。

　インボイス制度は、消費税の話です。

　住宅の家賃が非課税になっている大家さんにとってあまり馴染みがなかった消費税ですが、インボイス制度は免税事業者こそ影響がある制度なのです。

　消費税の仕組みがわからないと理解するのが難しいですが、まずは仕組みを理解するために5つのポイントをしっかりと理解しましょう。

ポイント① 免税事業者こそ影響がある

　消費税の対象となる課税取引は、店舗や駐車場などの賃料です。

　原則2年前の課税売上高が1,000万円を超えた場合には消費税の課税事業者、つまり消費税を納める人になります。

　住宅用の家賃収入がいくらあっても免税事業者です。

　そのため、大家さんは免税事業者であるケースがほとんどです。

　大家さんの売上のなかで、課税売上になるものとならないものを整理すると、下記のようになります。

課税売上になるもの	非課税売上になるもの
店舗、事務所の家賃、共益費	住宅用の家賃、共益費
駐車場（施設）の賃料	土地の賃貸料
賃貸建物の売却金額	土地の売却金額

　住宅用アパート・マンションを所有する大家さんは、非課税売上がほとんどなので免税事業者である場合が多いです。

　だからこそ、インボイスの影響を最も受ける業種なのです。

ポイント②　インボイス登録は課税事業者のみ

　インボイス登録事業者になるためには、課税事業者である必要があります。

　課税事業者とは、消費税の申告義務がある人です。

　消費税の申告義務がない人のことを、免税事業者といいます。

　原則、2年前（2期前）の課税売上が1,000万円超えている場合に、消費税の課税事業者になります。これは年（期）ごとに判定していきますので、課税売上によって、消費税の課税事業者になったり、免税事業者になったりする場合があります。

　また、免税事業者は、消費税の課税事業者選択届出書を提出することで、課税事業者になることもできます。

　なお、免税事業者が令和5年10月1日から令和11年9月30日までの日の属する課税期間中に登録を受ける場合、課税選択届出書を提出する必要なく、課税事業者になることができる経過措置が設けられています。

　つまり、インボイス登録と引き換えに、消費税を納めることになるということです。

ポイント③　登録するかどうかは任意

　インボイス制度が始まるから免税事業者は課税事業者になってインボイス

登録しなければならないということではありません。

　インボイス登録は義務ではなく、任意です。今までどおり免税事業者を維持してもいいし、インボイス登録して課税事業者になってもよいということです。

　その判断は個々の大家さんに委ねられているのです。

ポイント④　インボイスがないと仕入税額控除ができない

　登録が任意であれば、登録しなくてよい、というわけにはいきません。

　なぜなら、「インボイス登録事業者が発行する請求書や領収書がないと仕入税額控除ができない」というルールになるからです。

　消費税の納税額は、「預かった消費税」から「支払った消費税」を差し引いた差額になります。

　この「支払った消費税」を引くことを『仕入税額控除』と言います。

　大家さん自身は免税事業者でもこの段階では影響ありませんが、課税取引である消費税を払う借主側（店舗のテナント入居者など）が困ってしまうことになります。

　例えば、テナントの家賃が月100万円の場合（年間1,000万円超えますが、わかりやすくこの金額にしています）、消費税込みで110万円大家さんが請求しても、現在は、テナント入居者は10万円分の消費税の仕入税額控除を受けられました。

　しかし、インボイス制度が始まると、大家さんがインボイス登録事業者でなければ（免税事業者）、仕入税額控除ができなくなるのです。

　つまり、テナント入居者さんが消費税分10万円分を実質的に負担することになります。

【インボイス制度導入前】

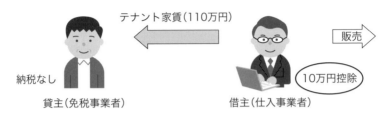

借主は、大家が免税事業でも課税事業者でも影響を受けません。

【インボイス制度導入後】

借主は、大家が免税事業者か課税事業者かで消費税の負担が異なります。

ポイント⑤　インボイス制度によって益税がなくなる

　ここにインボイス制度の本当のねらいがあります。

　それは、益税をなくすことです。

　テナントの家賃もらっていながら課税売上が1,000万円未満の大家さんは、消費税を受け取ってもその消費税を納めなくてよいのです。これが益税として大家さんの利益とすることができました。

　インボイス制度が始まることによって、大家さんが免税事業者の場合は、借主（テナント入居者など）に消費税を負担してもらうこととなり、大家さんがインボイス登録して課税事業者になれば、大家に消費税を負担してもらうこととなります。

いずれでも消費税は徴収されます。

つまり益税がなくなるということなのです。

02 消費税を納めるか家賃を減額するかの選択

　大家さんが免税事業者のままでは、テナント入居者さんが消費税分を実質的に負担することになってしまいます。

　借主が余計な消費税の負担を回避したいと考えるのは当然のことでしょう。

　インボイスが開始されると借主は次のように行動し、大家さんとして以下の選択をしなければならない事態が起こりえます。

【借主として取る行動】

・　退去して、インボイス登録している貸主の物件を借りる

・　大家に消費税分を減額するように要求する

【大家さんとして取る選択肢】

・　課税事業者となってインボイス登録事業者となる

・　家賃のうち消費税分を減額すること

　このような状況を迫られるのは、店舗・事務所利用で貸している部屋がある場合の他、駐車場収入、太陽光発電収入など課税売上が（少額でも）ある場合です。

03 インボイス登録が必要か？

まずはインボイス登録が必要かどうかを判定するためのフローチャートを見ていきます。

【大家さんのためのインボイス登録判定フローチャート】

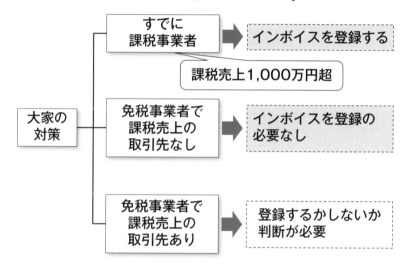

(1) すでに課税事業者の場合

毎年の課税売上が1,000万円を超えているなど、すでに消費税の課税事業者になっている方はインボイス登録をしましょう。

課税事業者であれば、消費税を納税しているため、インボイス登録することによって新たな税負担はありません。

登録しないことで、テナント借主などが払う家賃の消費税が控除できない（仕入税額控除ができない）ことになってしまいます。

(2)　免税事業者で課税売上の取引先がない場合

　住宅用の家賃については非課税とされています。

　社宅は住宅用なので、この家賃も非課税になります。

　サブリース会社に賃貸していても、住宅用の家賃であれば非課税です。

　非課税であれば、借主が仕入税額控除をそもそもできないものになるため、インボイス制度によって影響を受けることはありません。

　駐車場の賃貸などの課税取引がなければ、インボイス登録の必要はありません。

　しかし、住宅用の物件を賃貸していたとしても下記の取引は課税取引になります。インボイス発行の要求がある可能性がありますので、ご注意ください。

> ・　入居者負担分の原状回復工事費用
> ・　共益費とは別に入居者から徴収する電気代・水道代（不動産オーナーが支払う電気代・水道代が、各入居者からもらう金額とに差額がある場合）

（注）詳細は 04（5）に記載しています。

(3)　免税事業者で課税売上の取引先がある場合

　課税売上が 1,000 万円以下などで課税取引があっても免税事業者になっている方は、登録するかしないかの判断が必要です。

　インボイス登録は任意です。

　登録すれば消費税の納税が発生するし、登録しなければ、テナント入居者の退去や家賃の値下げリスクがあり、悩ましいところです。

04 インボイス登録するかどうか

【インボイス登録するかどうかの判断フローチャート】

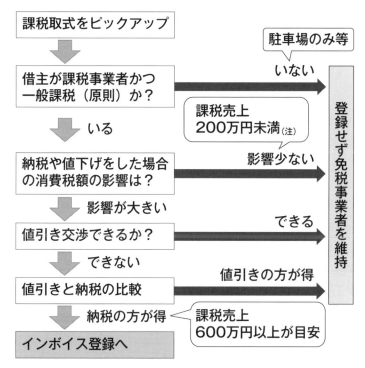

（注）（3）参照してください。

（1） 課税取引をピックアップ

賃貸経営において課税売上になるものとならないものを整理すると、下記のようになります。

課税売上になるもの	非課税売上になるもの
店舗、事務所の家賃、共益費	住宅用の家賃、共益費
駐車場（施設）の賃料	土地の賃貸料
賃貸建物の売却金額	土地の売却金額

　このうち課税売上になる物件がどのくらいあるのかを確認しましょう。

(2)　借主が課税事業者かつ一般課税（原則）か？

　インボイス登録をしないと借主が仕入税額控除をできないことになりますが、借主全員がその影響を受けるわけではありません。

　仕入税額控除ができないことによって消費税の負担が増えてしまうのは、取引先（借主）が消費税の課税事業者であり、原則課税になっている場合です。

　つまり、借主が免税事業者（原則、2年前の課税売上が1,000万円以下など）である場合には、消費税の納税義務がありませんので、インボイスによる影響は受けません。

　また、借主が課税事業者であっても、簡易課税制度を選択している場合（2年前の課税売上が5,000万円以下などの要件を満たしている場合）にも、インボイスによる影響は受けません。

　仕入れに係る消費税を取引ごとに計算しないため、インボイスの保存が必要ないとされているからです。

　影響を受けない人に共通するのは、事業をしていない、もしくは、事業の規模が小さい（個人事業主に多い傾向にある）方です。

(3)　納税や値下げをした場合の消費税額の影響は？

　課税売上高が大きくなければ、インボイス登録せずに消費税を取らないという選択肢もありだと考えます。

　具体的には、課税売上高200万円（税込み）の場合で考えてみます。

① インボイス登録して消費税を納税（簡易課税制度を適用）するケース

消費税の負担額は、約11万円になります。

② インボイス登録せずに消費税分を値下げするケース

消費税分を値下げによる賃料の減少分は約18万円です。

差額は7万円出ますが、インボイス登録をすると消費税申告が必要になっていきます。

消費税申告書の作成の手間や、消費税申告を税理士に依頼する場合の費用の発生を考えると、その差はあまりないように思います。

したがって、課税売上高200万円（税込み）未満であれば、インボイス登録せず免税事業者を維持し、消費税をもらわないという判断でもよいのではないでしょうか？

(4)　値引き交渉できるかどうか

インボイス制度が導入しても、急激な変化にならないように経過措置が設けられています。

経過措置の期間中は、免税事業者からの課税仕入れについても、仕入税額相当額の一定割合を控除できることになります。

期間	控除
2023年（令和5年）10月1日～2026年（令和8年）9月30日	80％控除
2026年（令和8年）10月1日～2029年（令和11年）9月30日	80％控除

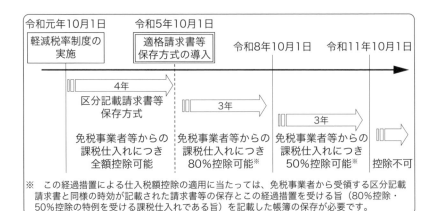

令和元年10月1日　　令和5年10月1日

軽減税率制度の
実施

適格請求書等
保存方式の導入

令和8年10月1日　　令和11年10月1日

4年

区分記載請求書等
保存方式

3年

3年

免税事業者等からの
課税仕入れにつき
全額控除可能

免税事業者等からの
課税仕入れにつき
80%控除可能※

免税事業者等からの
課税仕入れにつき
50%控除可能※

控除不可

※　この経過措置による仕入税額控除の適用に当たっては、免税事業者から受領する区分記載
請求書と同様の時効が記載された請求書等の保存とこの経過措置を受ける旨（80%控除・
50%控除の特例を受ける課税仕入れである旨）を記載した帳簿の保存が必要です。

　これを利用して、免税事業者のまま、仕入税額控除ができない部分に相当する金額を値引きすることで、取引先の負担がないようにできないでしょうか？

　例を挙げて説明します。

　テナント家賃110万円（うち消費税相当分は10万円。年間1,000万円超えますが、わかりやすくこの金額にしています）を経過措置に合わせて、本体家賃2万円値引きした場合、5万円値引きした場合で比較すると下記のとおりになります。

　経過措置の期間は値引きで対応した方が、簡易課税制度を利用した場合よりも、大家さんの実質的な手残りが多いことがわかります。

　簡易課税制度については、後述しています。

　免税事業者である大家さんが、テナントなどの借主に消費税分を請求している先がある場合には、借主に減額で対応してもらえるかどうかを確認してから、登録事業者（課税事業者）になるかどうかを検討してみてもよいのではないでしょうか？

	簡易課税制度を利用した場合	本体家賃2万円を値引きした場合（80％控除期間）	本体家賃5万円を値引きした場合（50％控除期間）
本体家賃	100	98	95
消費税分	10	9.8	9.5
請求書金額	110	107.8	104.5
借主の仕入控除消費税	10	7.84	4.75
借主実質負担額	100	99.96	99.75
大家受取り収入	110	107.8	104.5
負担消費税	6	0	0
実質手残り	104	107.8	104.5

（5）　値引きと納税の比較

　値引き交渉ができなければ、インボイス登録をするしかないと考えるのは早計です。

　インボイス登録を選択した場合に気をつけなければならないことがあります。

　賃貸経営の課税売上は、店舗、事務所、駐車場収入のように消費税がかかっていると目に見えるものだけではありません。

　課税事業者になると、下記の取引についても消費税を納めることになるのです。

　これを私は、「隠れ課税売上」といっています。

　以下に例を挙げてみます。

①　入居者負担分の原状回復工事費用

入居者が退去する場合に、敷金を全額返金しない場合があります。入居者が負担する修繕費を差し引いて、残った敷金だけを返却するのです。

この返却しなくてよくなった敷金が、課税売上になるのです。

国税庁 HP では下記のように説明されています。

> 建物の賃借人には、退去に際して原状に回復する義務があることから、賃借人に代わって賃貸人が原状回復工事を行うことは賃貸人の賃借人に対する役務の提供に該当します。
>
> したがって、保証金から差し引く原状回復工事に要した費用相当額は課税の対象になります。

入居者がやるべき原状回復工事を大家さんが代わりにやっているサービスだから課税取引だということです。

これは、住宅用の部屋であっても、課税売上になります。

②　共益費とは別に入居者から徴収する電気代・水道代

部屋ごとに個別メーターがない場合、大家さんが電気代・水道代を一括で支払い、各入居者に使用分を請求することがあります。

この場合の請求する電気代・水道代が課税売上になることがあります。

大家さんが支払う電気代・水道代が、各入居者からもらう金額と一致していれば、つまり、差額が生じずに、「預り金」として処理して、単に大家さんを通過しているに過ぎないものは、消費税はかかりません。

しかし、「預り金」処理ができないような差額が生じる場合、つまり、使用量に関係なく一定額で請求をしていたり、大家さんが少しでも多めに徴収しているような場合には、（差額だけでなく）徴収金額の全体が課税売上になります。

③　賃貸物件を売却した場合の建物売却代金、固定資産税精算金

　賃貸している物件を売却した場合、住宅用、テナント物件問わず、建物の売却代金は課税売上になります。

　固定資産税の精算金は売買代金の一部なので建物分についての精算金は、消費税が課税されます。

　インボイス登録事業者（課税事業者）となって、簡易課税制度で納税を取るか、店舗や駐車場に係る消費税分家賃値下げして、上記の課税売上げの消費税を取られないようにするか（益税）、有利不利の比較をしてみる必要があるということです。

　具体例で考えてみたいと思います。

【インボイス制度で値下げか登録かを迫られる取引】

- ○　店舗収入　　　　264万円（税込）
- ○　駐車場収入　　　　66万円（税込）
- ○　太陽光収入　　105.6万円（税込）

　この取引の消費税分を値下げするか、課税を受けるかの選択になります。

　同時に、課税を受ける場合には、下記の隠れ課税売上についても納税の対象になることを考慮します。

【隠れ課税売上】

- ○　敷金償却分（修繕分）　　　　　　　　50万円（税込）
- ○　敷金償却分（クリーニング分）　　　200万円（税込）
- ○　預り金処理しない水道光熱費徴収分　100万円（税込）
- ○　住宅用建物の売却金額　　　　　　　200万円（税込）

　値下げした場合の減額と納税した場合の負担を表で比較すると下記のようになります。

	収入項目	税込金額	消費税額	値下げによる減少	簡易課税による納税
値下げによる収入減少	店舗収入	2,640,000	240,000	240,000	144,000
	駐車場収入	660,000	60,000	60,000	36,000
	太陽光収入	1,056,000	96,000	96,000	28,800
				0	0
				0	0
	小計	4,356,000	396,000	△ 39,600	△ 208,800
隠れ課税売上の納税	水道光熱費徴収	1,000,000	90,909		18,181
	住宅用建物売却	2,000,000	181,818		72,727
	敷金償却（修繕）	500,000	45,454		13,636
	敷金償却（クリーニング）	2,000,000	181,818		90,909
			0		
	小計	5,500,000	499,999		△ 195,453
	合計負担額	9,856,000	895,999	△ 396,000	△ 404,253

　上記の表では、値下げした方が、マイナスが少なくなるのがわかると思います。

　このように具体的に当てはめて比較しないと有利不利がわからないのです。

　これはどのくらい課税売上（隠れ課税売上げ）があるかによって、大家さんごとに影響が異なるからです。

　インボイス登録事業者（課税事業者）となって、簡易課税制度で納税を取るか、消費税分家賃値下げして、隠れ課税売上げの消費税を取られないようにするか（益税）、有利不利の比較をしてみる必要があるということです。

簡易制度による納税による 納税（隠れ課税売上を含む）	VS	家賃の値下げ ＋ 益税（隠れ課税売上分）

簡易課税制度

インボイス登録をして課税事業者になったとしても、預かった消費税を丸々納めなくてもよい制度があります。

これが簡易課税制度です。

仕入に係る消費税に関係なく、売上に係る消費税だけで、納税する消費税を計算する制度です。

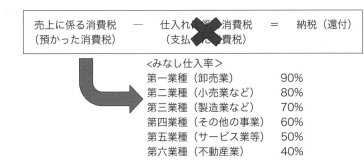

テナントの家賃収入、駐車場収入は不動産業として第6種事業になります。

10万円の消費税を受け取ったものに対して、支払う消費税は6万円になります。

控除できる消費税が、売上に係る消費税の40%未満なら簡易課税制度が得になります。いわば合法的に益税が認められるのです。

簡易課税制度を利用するための要件があるので注意してください。

【要件】

2年前（2期前）の課税売上高が5,000万円以下であること

簡易課税の適用を受けようとする課税期間の開始の日の前日までに「消費税簡易課税制度選択届出書」を提出していること

「消費税簡易課税制度選択届出書」を提出した場合、2年間は簡易課税制度をやめることはできません（ただし、簡易課税制度選択届出書を提出している場合であっても、基準期間の課税売上高が5,000万円を超える場合には、その課税期間については、簡易課税制度は適用できません）。

> 　なお、免税事業者が令和5年10月1日から令和11年9月30日までの日の属する課税期間中に「簡易課税制度選択届出書」を提出した場合、その課税期間の初日の前日に提出したものとみなされる経過措置が設けられています。
>
> 　個人が令和5年10月1日から登録事業者になった場合、令和5年12月31日までに「簡易課税選択届出書」を提出すればよいことになります。

コラム

令和5年税制改正でインボイス制度はどうなる？

　インボイス制度が開始前1年を切った令和4年11月に入って、フリーランスなど小規模事業者が制度に反対していることを受け、令和5年度税制改正の中にインボイス制度の改正も盛り込まれています。

　制度の延期や廃止ではないため、令和5年10月1日からスタートすることに変更はないと思われます。

　改正内容も含めておさえておきましょう。

1. 小規模事業者の緩和措置の創設

> 　令和5年10月1日から令和8年9月30日の期間、免税事業者が課税事業者に切り替えた場合、納税額を売上税額の2割とすることができる。

例えば、10万円の消費税を受け取った場合には2万円の納税でよいということになります。

　現行法でも、中小規模の事業者が利用できる簡易課税制度があります（230頁参照）。

　売上に係る消費税にみなし仕入率をかけた金額を仕入税額控除として計算します。

　みなし仕入率は業種ごとによって90〜40％で設定されています。

　大家さんなどの不動産業であれば、40％（第六種事業）になります。

　緩和措置では、納税額を売上税額の2割に抑えるということは、みなし仕入率80％にするのと同義ということです。

○　緩和措置 VS 経過措置どちらがよい？

　もともとインボイス制度が導入しても、急激な変化にならないように経過措置が設けられています。

　経過措置の期間中は、免税事業者からの課税仕入れについても、仕入税額相当額の一定割合を控除できることになります（223、224頁参照）。

　・2023年10月1日〜2026年9月30日　⇒　80％控除
　　（令和5年）　　　（令和8年）

　・2026年10月1日〜2029年9月30日　⇒　50％控除
　　（令和8年）　　　（令和11年）

　これを利用して、免税事業者のまま、仕入税額控除ができない部分に相当する金額を値引きすることで、取引先の負担がないようにできる可能性があります（227頁参照）。

　改めて、テナント家賃110万円（うち消費税相当分は10万円）を改正案の緩和措置を利用してインボイス登録した場合と、免税事業者を維持したまま経過措置に合わせて、本体家賃2万円値引きした場合で比較すると下記のとおりになります。

単位：万円

	緩和措置（案）を利用してインボイス登録をした場合	本体家賃を2万円値引きした場合（80%控除期間）
本体価格	100	98
消費税額	10	9.8
請求書金額	110	107.8
借主の仕入控除消費税	10	7.84
借主実質負担額	100	99.96
大家受け取り収入	110	107.8
負担消費税	2	0
実質手残り	108	107.8

　緩和措置を利用してインボイス登録をする場合の方が若干有利になります。

　しかし、消費税の申告の手間や税理士などの専門家に依頼する場合の費用の負担があることを忘れてはいけません。

　値引き交渉ができるのであれば、免税事業者を維持する方向を考えた方がよいと思われます。

2. 中小事業者の事務負担軽減

　基準期間の課税売上高が1億円以下（又は特定期間の課税売上高が5,000万円以下）の事業者は、令和5年10月1日から令和11年9月30日までの間、1万円未満の仕入税額控除はインボイスの保存がなくても認められる。

　少額の駐車場などはインボイスが不要になる可能性があります。

　しかし、借主の課税売上高がわからない以上はインボイスを発行するしか

ないため、発行者側にとっては事務負担の軽減にならないと思われます。

3．少額の返還インボイス交付義務の免除

　　売上に係る対価の返還等に係る税込価額が１万円未満である場合には、その適格返還請求書の交付を免除する。

　返品や値引きなど売上げに係る対価の返還を行った場合は、適格返還請求書（返還インボイス）を相手方に交付しなければなりません。

　借主が、家賃を振込手数料振を差し引いて払った場合に、振込手数料を値引き処理する際に返還インボイスが必要と言われていましたが、不要になったということです。

おわりに

最後までお読み頂きましてありがとうございました。

私が実家の賃貸経営を引き継いだときには、何をしたらよいかわからず、真っ暗闇の洞窟の中を進んでいくような感覚でした。

築が古くて空室だらけ、修繕費もかかる、返済もできるかギリギリの状態の物件でこんなものを引き受けて大丈夫か？と、正直にいいますと、自分の運命を恨んだこともありました。

しかし、「もう、やるしかない！」自分の運命を受け入れてから、人生が180度変わりました。

今は実家が賃貸経営をやっていてくれて本当によかったと思います。

もし、これから賃貸経営を始められる方やすでに始めている方にお伝えしたいのは、「賃貸経営を楽しんでください」ということです。

賃貸経営は長く続く事業です。辛くイヤイヤやっていても続かないです。

どうせなら楽しんだもの勝ちです。

賃貸市場は縮小していますが、賃貸経営はまだまだ発展途上だと思っています。様々な工夫を凝らし新たな賃貸経営を模索する大家さんが増えてきました。可能性は広がっています。

そんな新しい変化を楽しむくらいがちょうどいいのです。

また、賃貸経営を子どもに引き継がせようと思っている場合はなおさらです。自分が楽しんで賃貸経営をしていなければ、子どもも引き継ぎたくないと思ってしまいます。自分が楽しんで、初めて子どもも引き継ぎたいと思うのではないでしょうか？

本書を読んで頂いたことにより少しでも楽しめる気持ちの余裕が出てくるとよいなと思っています。

私は、これからも全国の困っている大家さんを救っていきたいと思っています。そのためには、私１人だけの力では到底難しいと実感しています。

　そこで、大家さんのために一緒に問題解決をしていくと決意した税理士を集めたネットワークを作りました。

　大家さん専門税理士ネットワーク Knees bee（ニーズビー）という名前です。税理士のフランチャイズ組織で、各地で税理士パートナーを増やしていき、全国対応できるようにしていきます。

　ホームページも作っています。コラムも連載しているので、よかったらご覧頂ければと思います。

　大家さんの知恵袋　https://knees-ohya.com/

　また YouTube でも大家さんに向けた情報発信をしています。賃貸経営のこと、税金のことを短い時間でわかりやすく解説しております。こちらもご覧頂ければと思います。

　YouTube チャンネル　大家さんの知恵袋

　https://www.youtube.com/channel/UCSbMHI5L3J63erJa_nqaATQ

　最後に、いつも支えてくれる家族には、本当に感謝です。

　特に子ども３人の面倒を見てくれている妻には感謝してもしきれません。

　子どもたちが、いつかこの本を読んで、賃貸経営を引き継ぎたいといってくれるといいなと期待しています。

渡邊浩滋

〈著者紹介〉

渡邊　浩滋 （わたなべ　こうじ）

税理士、司法書士、宅地建物取引士。

1978 年、東京都江戸川区生まれ。明治大学法学部卒業。

税理士試験合格後、実家の大家業を引継ぎ、空室対策や経営改善に取り組み、年間手残り▲ 200 万円の赤字経営から 1,400 万円までの V 字回復をさせる。

大家兼業税理士として悩める大家さんの良き相談相役となるべく、不動産・相続税務専門の税理士法人に勤務。

2011 年 12 月に同事務所設立。

2011 年 12 月に税理士・司法書士渡邉浩滋総合事務所を設立。

2022 年 10 月 Knees bee（ニーズビー）税理士法人に法人化、現在に至る。

2018 年から大家さん専門税理士ネットワーク Knees bee（ニーズビー）を立ち上げ、大家さん専門税理士のフランチャイズ展開を開始。

全国の大家さんを救うべく活動中。

【主要著書】

『税理士大家さん流　キャッシュが激増する無敵の経営』（ぱる出版）

『大家さん税理士による　大家さんのための節税の教科書』（ぱる出版）

『大家さんのための超簡単青色申告』（クリエイティブワークステーション）

『税理士事務所の業種特化戦略のすべて』（ロギカ書房）

他多数。

著者との契約により検印省略

2021年4月1日　初　版　発　行	相続したボロ物件どうする？
2023年3月1日　第2版発行	賃貸アパート経営の道しるべ【第2版】

著　　　者	渡　邊　浩　滋
発　行　者	大　坪　克　行
印　刷　所	美研プリンティング株式会社
製　本　所	牧製本印刷株式会社

発行所　東京都新宿区　株式　税務経理協会
　　　　下落合2丁目5番13号　会社

郵便番号 161-0033　振替 00190-2-187408　電話 (03) 3953-3301 (編集部)
　　　　　　　　　　FAX (03) 3565-3391　　　　(03) 3953-3325 (営業部)

URL http://www.zeikei.co.jp/

乱丁・落丁の場合はお取替えいたします。

ISBN978-4-419-06909-4　C3034